शून्यता है महामुक्ति

ओशो द्वारा सूफी, झेन एवं उपनिषद की कहानियों एवं बोध-कथाओं पर दिए गए सुबोधगम्य 19 अमृत-प्रवचनों की श्रृंखला 'बिन बाती बिन तेल' में से संकलित पांच (11 से 15) प्रवचन

शून्यता है महामुक्ति

झेन फकीर कहते हैं, संन्यासी ऐसा हो जाता है जैसे वृक्ष की छाया। छाया—वृक्ष डोलता है तो छाया भी डोलती है, लेकिन छाया के डोलने से जमीन पर पड़ी धूल में कोई विघ्न-बाधा नहीं पड़ती। छाया डोलती है लेकिन धूल हिलती भी नहीं। धूल को पता भी नहीं चलता, कोई ऊपर बुहारी मार रहा है। लेकिन छाया की कोई बुहारी है?

संन्यासी अपने को हटा लेता है दूसरों के मार्ग से। वह शोरगुल नहीं करता। वह किसी को बाधा नहीं देता। वह छाया की भांति हो जाता है। डोलता जरूर है, लेकिन धूल हिलती नहीं। ऐसा—नहीं जैसा हो जाने का नाम संन्यास है। और वही कुंजी है संसार के बाहर जाने की। तुम संन्यस्त हुए कि जिनने तुम्हें कारागृह में बांधा है, वे द्वार खोल देंगे। अगर वे द्वार अभी भी बंद किए हैं तो उसका मतलब इतना है कि तुम अभी संन्यस्त नहीं हुए। तुम मरकर गिरे नहीं। तुम अभी भी बैठे, जागे, जीवन से भरे, इच्छा से भरे बैठे हो।

और आखिरी बात समझ लेना: अगर तुम्हारे मन में मुक्त होने की इच्छा भी रह गई तो भी यह पिंजरा खुलेगा नहीं।

ओशो

शून्यता है महामुक्ति

'बिन बाती बिन तेल' से संकलित

ओशो

डायमंड बुक्स

ISBN : 81-7182-230-4

संकलन : मा प्रेम कल्पना

संपादन : स्वामी दयाल भारती

संयोजन : स्वामी अमानो मनीष

टाइपिंग : मा कृष्ण लीला, मा देव साम्या

फोटोटाइपसेटिंग : ताओ पब्लिशिंग प्रा. लि., 50 कोरेगांव पार्क, पूणे

प्रकाशक : **डायमंड पॉकेट बुक्स (प्रा.) लि.**
X-30, ओखला इंडस्ट्रियल एरिया, फेज-II
नई दिल्ली-110020

फोन : 011-41611861, 40712100

फैक्स : 011-41611866

ई-मेल : sales@dpb.in

वेबसाइट : www.dpb.in

संस्करण **2019**

मुद्रक **यंग आर्ट प्रेस, दिल्ली**

These discourse are complied from originally published title 'Bin Bati Bin Tel' (in Hindi) under the author name 'Bhagwan Shree Rajneesh'.

अनुक्रम

1. मृत्यु : जीवन का द्वार ... 7

2. पृथ्वी में जड़ें, आकाश में पंख ... 27

3. प्रयास नहीं, प्रसाद ... 47

4. जो जगाये, वही गुरु ... 67

5. आखिरी भोजन हो गया? ... 89

पहला प्रवचन

मृत्यु : जीवन का द्वार

भगवान!

किसी सौदागर के पास एक हिंदुस्तानी पक्षी था।
उसे उसने पिंजरे में बंद रखा था।
जब वह सौदागर दुबारा भारत जाने लगा, तब उसने पक्षी से पूछा
कि तुम्हारे देश से तुम्हारे लिये क्या लाऊं?
पक्षी ने कहा, 'लाना कुछ नहीं, केवल हिंदुस्तान के किसी जंगल में जाना
और वहां के आजाद परिंदों से मेरी कैद का हाल सुनाना।'
सौदागर ने वही किया। लेकिन जैसे ही वह बोला,
एक जंगली पक्षी मूर्च्छित होकर जमीन पर आ गिरा।
सौदागर ने सोचा कि मेरे कारण यह पक्षी मर गया।
जब वह देश लौटा तब उसके पक्षी ने अपने देश की खबर उससे पूछी।
सौदागर ने कहा, खबर बुरी है।
तुम्हारा एक रिश्तेदार पक्षी तुम्हारा हाल सुनकर
मेरे पांव पर गिरकर मर गया।
यह सुनते ही सौदागर का पक्षी मूर्च्छित हो गया
और पिंजरे की पेंदी में लुढ़ककर गिर गया। सौदागर ने सोचा,
कुटुंब की मृत्यु की खबर से वह भी मर गया है।
और उसने उसे पिंजरे से निकाल दिया।
तुरंत ही वह पक्षी जी उठा और स्वतंत्र आकाश में उड़ गया।
कृपया इस कहानी का अर्थ हमें समझायें।

मृत्यु ही जीवन को पाने का द्वार है। और जो मरने को राजी है, वही मुक्त हो सकता है। जिसकी तैयारी है मिटने की, उसे स्वतंत्रता का आकाश मिल जाएगा। इससे कम में सौदा नहीं होगा। और इससे कम में जो सौदा करना चाहता है वह धोखे में पड़ेगा। वह धोखा अपने को ही दे रहा है।

परमात्मा को पाना हो...और परमात्मा यानी मुक्ति; परमात्मा यानी मोक्ष; परमात्मा यानी परम स्वतंत्रता; तो तुम बचे हुए उसे न पा सकोगे। तुम खो जाओ तो ही वह मिलेगा। तुम मिट जाओ तो ही वह महामिलन घट सकता है।

यही है राज इस छोटी-सी कहानी का।

सूफियों ने इसका बड़ा प्रयोग किया है। बड़ी गहरी सूफियों की पकड़ है। और जीवन के परम रहस्य की कुंजियां उन्होंने छोटी-छोटी कहानियों में रख दी हैं। शास्त्र जहां चूक जाते हैं, वहां कहानियां नहीं चूकतीं। बड़े-बड़े सिद्धांतों के तीर लक्ष्य पर नहीं पहुंच पाते, छोटी-छोटी कहानियां हृदय में छिद जाती हैं।

इस कहानी को हम समझने की कोशिश करें। यह कहानी मनुष्य की परतंत्रता और मनुष्य की स्वतंत्रता की कहानी है। इसके एक-एक चरण को खोलें। जैसे कोई प्याज की पर्तों को उघाड़ता है, ऐसे हम इस कहानी को उघाड़ें।

खयाल किया होगा: प्याज की पर्तों को कोई उघाड़ता ही जाए तो आखिर में शून्य हाथ आता है। एक पर्त उघड़ती, दूसरी पर्त आ जाती है; दूसरी पर्त उघड़ती, तीसरी पर्त आती है। लेकिन अगर कोई उघाड़ता ही जाए तो अंत में शून्य हाथ लगता है। वही शून्य महामुक्ति है, महामोक्ष!

इस कहानी की भी एक-एक पर्त हम उघाड़ें ताकि इसके भीतर छिपा हुआ शून्य हमारे हाथ में लग जाए। उस शून्य को इस कहानी में आकाश कहा है। और उस शून्य में उड़ जाने की स्थिति को मुक्ति, स्वतंत्रता कहा है।

कहानी का पहला चरण : एक पक्षी बंदी है। अपने देश से बाहर, विदेश में है।

ऐसा ही मनुष्य है। हम जहां भी हैं, विदेश में हैं। यह हमारा घर नहीं। जहां हम ठहरे हैं, वह धर्मशाला हो सकती है, अतिथि-गृह हो सकता है। वहां हम मित्रों के बीच हों या शत्रुओं के बीच हों, वहां हमारा स्वागत हो रहा हो या जबर्दस्ती हम टिके हों एक बोझ की तरह, लेकिन यह घर हमारा नहीं है। हम परदेस में है। और इसीलिये हम बेचैन हैं। और जब तक घर न मिल जाए पुनः तब तक बेचैनी जारी रहेगी।

घर की खोज ही धर्म है।

अमरीका का एक बहुत विचारशील व्यक्ति हुआ, कुलिज। वह अमरीका का प्रेसिडेंट हो गया था। विचारशील लोग मुश्किल से ही कभी ऐसे पदों पर पहुंच पाते हैं। कभी-कभी, लेकिन दुर्घटना घट जाती है। कुलिज अपनी आदत के अनुसार रोज ह्वाइट हाउस के आसपास जो कि प्रेसिडेंट का भवन है, घूमने निकलता था। एक दिन एक अजनबी उसे रास्ते पर सुबह-सुबह मिला। वह अजनबी नहीं पहचान पाया कि यह आदमी कुलिज है, जो इस समय राष्ट्रपति है। और न ही वह अजनबी पहचान पाया सुबह के धुंधलके में कि पास में जो खड़ा हुआ विशाल भवन है, यह राष्ट्रपति का निवास है; ह्वाइट हाउस है।

उसने चलते-चलते पूछा कि आप कौन हैं?

तो कुलिज ने कहा, 'यह तो मुझे भी पता नहीं। इसीकी तलाश में चल रहा हूं। अभी उत्तर पाया नहीं'।

अजनबी ने सोचा होगा, झक्की मालूम होता है। छुटकारा पाने के लिये उसने पूछा, 'और यहां जो सफेद मकान है, यहां जो बड़ा मकान है, यहां कौन रहता है?'

तो कुलिज हंसा और उसने कहा, 'यहां कोई रहता नहीं। बस लोग आते हैं और जाते हैं। पीपुल कम एंड गो, नोबडी लिव्ज़ हिअर।'

जहां हम हैं, वहां लोग आते हैं और जाते हैं; रहता वहां कोई भी नहीं। यह घर नहीं है, यह पड़ाव है। यह मंजिल नहीं है। यहां क्षणभर को हम विश्राम करने रुके हों तो ठीक है। और अगर हमने यही समझ लिया हो कि यह घर है तो हम भटक गये। झाड़ के नीचे कोई यात्री रुक गया हो छाया में थोड़ी देर यात्रा के कष्ट से बचने को, समझ में आता है; लेकिन छाया में रम जाए और भूल ही जाए कि किस तरफ चला था, क्या खोजने चला था, वहीं घर बना ले, तो भटक गया।

संसार एक पड़ाव है; और पड़ाव पर कभी शांति नहीं हो सकती। थोड़ी देर विश्राम हो सकता है, लेकिन आनंद नहीं हो सकता। और विश्राम का तो इतना ही अर्थ है कि फिर हम श्रम करने को तैयार हुए, फिर यात्रा के लिये पैर तैयार हैं। विश्राम का और कोई अर्थ नहीं है। विश्राम तो बीच की एक कड़ी है। यह कोई लक्ष्य नहीं है, वह कोई सिद्धि नहीं है। कोई बड़ी यात्रा चल रही है। और उस बड़ी यात्रा में हम अपने घर से भटक गये हैं। और जहां भी अपने को पाते हैं, बेघर पाते हैं।

पक्षी बंद है विदेश में, जहां उसका अपना कोई भी नहीं; वह अकेला है।

यहां तुम्हारा कौन अपना है? यहां तुम भी अकेले हो। लेकिन पक्षी इतना चालाक न था, जितने चालाक तुम हो। पक्षी सीधा-सादा था, तुम चालाक हो। जहां तुम्हारा कोई भी नहीं है, वहां भी तुमने नाते-रिश्ते बना लिये हैं। जहां घर नहीं है, धर्मशाला को तुमने घर समझ लिया है और जहां कोई तुम्हारा अपना नहीं है वहां तुमने नाते-रिश्ते बना लिये हैं। तुमने इंतजाम ऐसा कर लिया है कि जैसे तुम अपने घर में ही हो, यह कोई पड़ाव नहीं है। तुम अपनों के ही बीच हो, तुम किसी विदेश में नहीं हो।

क्या हैं हमारे नाते-रिश्ते और हमारे संबंध?

जीसस ने बड़े एक कठोर वचन का प्रयोग किया है। उस कठोर वचन के कारण जीसस की बड़ी आलोचना की गई। बर्ट्रेंड रसेल ने जीसस की आलोचना में उसका बहुत प्रयोग किया है। और कोई भी ऊपर से देखेगा तो लगता है, कि रसेल ठीक है, जीसस गलत हैं।

कहानी है कि जीसस एक भीड़ में घिरे एक बाजार में खड़े हैं और एक आदमी ने भीड़ के भीतर कहा कि जीसस, भीड़ के बाहर तुम्हारी मां तुमसे मिलने की प्रतीक्षा कर रही है। तो जीसस ने कहा, कौन किसकी मां? कौन किसका पिता है? उस स्त्री को कहो, 'टेल दैट वूमन, नोबडी इज़ माई मदर, नोबडी इज माई फादर।' उस स्त्री को, उस औरत को कहो, न मेरी कोई मां है और न मेरा कोई पिता।

ये शब्द जरा कठोर मालूम पड़ते हैं। जीसस के ओठों पर तो और भी असंगत मालूम पड़ते हैं क्योंकि जो कहता है, प्रेम ही परमात्मा है और जिसने प्रेम को सार समझा है और जिसने सेवा को आधार बनाया धर्म का, जिसके धर्म की सारी की सारी कीमिया विनम्रता पर खड़ी है, वह आदमी यह कहता है कि इस औरत को कह दो कि कौन मेरी मां? कौन मेरा पिता? और तुमसे मैं कहता हूं, भीड़ से जीसस ने कहा कि जब तक तुम अपनी मां के खिलाफ न हो जाओ और अपने पिता के दुश्मन न हो जाओ तब तक तुम मेरे नहीं हो।

शब्दों में जो भटक जाएंगे, वे रसेल से राजी हो जाएंगे। रसेल का तर्क सीधा-साफ है कि यह आदमी दुष्ट प्रकृति का था। जो अपनी मां को कह रहा है 'इस औरत को!' और इसकी प्रेम की बातें सब बातें हैं। इसकी विनम्रता अहंकार का ही एक रूप मालूम पड़ती है।

जो शब्दों में खो जाएगा वह ऐसा ही समझेगा, लेकिन जीसस कठोर तो नहीं हो सकते। जीसस किसी प्रयोजन से यह कह रहे हैं। जीसस का प्रयोजन यह है कि वह तुम्हें बताना चाहते हैं कि तुम यहां अजनबी हो और तुम्हारा यहां अपना कोई भी नहीं। न तुम्हारी मां मां है, न पिता पिता। और अगर तुम किसी स्त्री से पैदा हुए हो तो यह सिर्फ संयोग है। इसको तुम संबंध मत समझो। यह सिर्फ संयोग है। तुम किसी और स्त्री से पैदा हो सकते थे। न तुमने इस स्त्री को मां की तरह चुना, न इस स्त्री ने तुम्हें बेटे की तरह चुना। यह सिर्फ एक दुर्घटना है। न तो इस स्त्री को पता था कि तुम बेटे की तरह आ रहे हो। न तुम्हें पता है कि तुम इस स्त्री को मां बना रहे हो। अंधेरे में जैसे दो आदमी मिल जाएं और टकरा जाएं; रास्ते पर प्रकाश न हो और कोई साथी हो ले, थोड़ी देर यात्रा साथ चले। बस ऐसी यह यात्रा है। सब अंधेरे में है। सब संयोग है।

कौन तुम्हारा मित्र है? किसको तुम अपना मित्र कहते हो? क्योंकि सभी अपने स्वार्थों

के लिए जी रहे हैं। जिसको तुम मित्र कहते हो, वह भी अपने स्वार्थ के लिये तुमसे जुड़ा है और तुम भी अपने स्वार्थ के लिये उससे जुड़े हो। अगर मित्र वक्त पर काम न आये तो तुम मित्रता तोड़ दोगे। बुद्धिमान लोग कहते हैं मित्र तो वही, जो वक्त पर काम आये। लेकिन क्यों? वक्त पर काम आने का मतलब है कि जब मेरे स्वार्थ की जरूरत हो, तब वह सेवा करे। लेकिन दूसरा भी यही सोचता है कि जब तुम वक्त पर काम आओ, तब मित्र हो। लेकिन तुम काम में लाना चाहते हो दूसरे को यह कैसी मित्रता है? तुम दूसरे का शोषण करना चाहते हो; यह कैसा संबंध है? सब संबंध स्वार्थ के हैं।

पिता बेटे के कंधे पर हाथ रखे है, बेटा पिता के चरणों में झुका है, सब संबंध स्वार्थ के हैं। और जहां स्वार्थ महत्वपूर्ण हो वहां संबंध कैसे? लेकिन मन चाहता है; अकेले होने में डर पाता है, इसलिये मन चाहता कि कोई संगी-साथी हो।

संगी-साथी हमारे मन की कल्पना है, क्योंकि अकेले होने में हम भयभीत हो जाएंगे। सब से बड़ा भय है अकेला हो जाना, कि मैं बिलकुल अकेला हूं। तो हम विवाह करते हैं, किसी स्त्री को पत्नी कहते हैं, किसी पुरुष को पति कहते हैं, किसी को मित्र बनाते हैं। थोड़ा-सा एक आसपास संसार खड़ा करते हैं। उस संसार में हमें लगता है कि अपने लोग हैं, यह अपना घर है। लेकिन जो भी थोड़ा-सा जागेगा वह पायेगा कि इस संसार में बेघर-बार होना नियति है। यहां घर धोखा है। हम यहां बेघर हैं।

बुद्ध अपने भिक्षुओं को अनेक नाम दिये हैं, उनमें एक नाम है 'अगृही'—जिसका कोई घर नहीं। इसका यह मतलब नहीं है कि वह किसी घर में, किसी छप्पर के नीचे न रुकेगा। वह तो बुद्ध को भी कभी वर्षा होती है तो छप्पर के नीचे रुकना पड़ता है। कभी धूप होती है तो छप्पर के नीचे सोना पड़ता है।

मतलब यह है कि जिसका यह बोध टूट गया, यह भ्रांति जिसकी मिट गई कि इस संसार में मेरा कोई घर है। पड़ाव हैं, सरायें हैं; लोग आते हैं और जाते हैं लेकिन यहां कोई ठहरता नहीं। तुम नहीं थे तब बहुत लोग यहां थे। तुम नहीं होओगे बहुत लोग यहां रहेंगे। यह भीड़ चलती ही रहती है; यह बाजार भरा ही रहता है। तुम हटे नहीं कि कोई दूसरा तुम्हारी जगह को भर देता है। तुम गये नहीं कि कोई दूसरा तुम्हारे घर को अपना घर समझ लेता है।

एक सम्राट हुआ इब्राहिम; फिर पीछे वह फकीर हो गया। कीमती फकीर हो गया। बड़े सूफियों में उसका नाम है। रात सोया था, तो उसे लगा कि ऊपर छप्पर पर कोई चल रहा है। तो उसने चिल्लाकर पूछा कि कौन नासमझ है? कौन है चोर लुटेरा? छप्पर पर क्या कर रहे हो? पर उस आदमी ने कहा कि तुम्हारे छप्पर से मुझे कुछ लेना-देना नहीं। मेरा ऊंट खो गया है। मैं उसको खोज रहा हूं।

महल के छप्पर पर कहीं ऊंट खोते हैं! इब्राहिम समझा यह आदमी पागल है। लेकिन फिर भी उस आदमी की आवाज में कुछ बल था। और जब उसने कहा कि सो जाओ, तुम्हारे छप्पर से मुझे कुछ लेना-देना नहीं, मैं अपना ऊंट खोज रहा हूं। तो उसकी आवाज में कुछ बात ही और थी। वह आवाज भीतर तक चली गई और रातभर इब्राहिम सो न सका। और सोचता रहा, यह आदमी पागल है या इसका कोई प्रयोजन है? सुबह उसने गांव में आदमी भेजे कि उस आदमी को खोजो, जो रात छप्पर पर ऊंट खोज रहा था। उससे मैं मिलना

चाहता हूं। लेकिन उसको खोजना मुश्किल था। उसका कोई नाम-पता नहीं।

लेकिन दोपहर में जब दरबार भरा था, इब्राहिम सिंहासन पर बैठा था, तब उसके पहरेदार आये और उन्होंने कहा कि एक आदमी बड़ा उपद्रव मचा रहा है। और बड़ा बलशाली आदमी है। उसकी आंखों में झांक नहीं सकते और वह जब कड़ककर कुछ कहता है तो छाती धकधका जाती है—वे हिम्मतवर पहरेदार थे—वह डरा देता है।

इब्राहिम ने पूछा, वह कहता क्या है?

पहरेदार ने कहा कि वह कहता है कि इस धर्मशाला में मुझे कुछ दिन रुकना है। और हमने उसको समझाया कि यह राजा का महल है, कोई धर्मशाला नहीं है। उसका निवास है, यह कोई सराय नहीं। सराय बाजार में है, तुम वहां जाकर रुक जाओ। तो वह कहता है, मैं उससे मिलना चाहता हूं, जो इसको अपना निवास समझता है।

इब्राहिम ने कहा, 'उसको छोड़ो मत, उसे जल्दी भीतर लाओ। यह वही आदमी होना चाहिये, जो रात छप्पर पर ऊंट खोज रहा था।' वह आदमी भीतर लाया गया, तो इब्राहिम ने कहा, 'यह क्या बदतमीजी है? तुम मेरे निवास को सराय कहते हो?'

उस आदमी ने कहा, 'बदतमीजी तुम्हारी है, क्योंकि पहले भी मैं आया था, तब एक दूसरा आदमी यही बदतमीजी कर रहा था। तुम नहीं थे तब इस सिंहासन पर; एक दूसरा आदमी यह कहता था, यह मेरा मकान है। उसके पहले भी मैं आया था, तब मैंने एक तीसरे आदमी को पाया था। और मैं तुम्हें भरोसा दिलाता हूं, मैं जब दुबारा आऊंगा, तुम यहां नहीं पाये जाओगे, कोई और दावा करेगा। मैं किसकी मानूं?'

इब्राहिम ने कहा कि वह मेरे पिता थे। और जब तुम उसके पहले आये, वे मेरे पितामह थे। वह फकीर पूछने लगा कि अब वे कहा हैं जिनका यह निवास था? यह घर तो यहां का यहां है? वे कहां हैं? इब्राहिम ने कहा, 'वे तो जा चुके।' लेकिन तब उसकी हिम्मत टूट गई। उस फकीर ने कहा, 'यहां लोग आते हैं, जाते हैं, ठहरते हैं; इसको निवास क्यों कहते हो? मैं इस सराय में कुछ दिन रुकना चाहता हूं।'

इब्राहिम बड़ी हिम्मत का आदमी रहा होगा। वह उठा और उसने कहा कि अगर यह सराय है तो तुम यहां रुको, मैं यहां से जाता हूं। बात तुम्हारी ठीक लगती है। मेरा भी घर न रहा यह, अब मैं घर की तलाश करूंगा। और जब तक घर न मिल जाए, तब तक लौटने का कोई उपाय नहीं। इब्राहिम बड़ा फकीर हो गया। सिद्ध हुआ। उसने घर अपना पा लिया एक दिन।

लेकिन वह घर यहां नहीं है, जहां तुम्हारी आंखें तलाशती हैं। वह घर वहां हैं, जहां तुम्हारी आंखें मुड़ती ही नहीं। यह तो परदेश है, जहां तुम देख रहे हो, सुन रहे हो; लेकिन जहां से तुम देख रहे हो, जहां से तुम सुन रहे हो, वहीं तुम्हारा स्वदेश है।

वह पक्षी परदेश में था। और जब भी कोई परदेश में होगा तो परतंत्र होगा। स्वदेश में न हो तो स्वतंत्र कैसे हो सकते हो? जब तुम स्वयं में नहीं हो तो स्वतंत्रता का क्या अर्थ हो सकता है? जब तुम विदेशियों से घिरे हो, विजातियों से घिरे हो तब तुम गुलाम रहोगे।

अपने ही घर में आदमी निश्चिंत होकर मुक्त हो सकता है। उस घर में, जहां से न तो आना होता है, न जाना होता है; जहां तुम सदा ही रहे हो, जहां तुम सदा ही रहोगे; जो शाश्वत है, जो सनातन है; जो अनादि है और अनंत है।

तुम उस पक्षी की हालत में हो। वह पक्षी तुम्हारा प्रतिनिधि है। पक्षी का मालिक जा रहा था पक्षी के देश को। उस पक्षी से पूछा उसने कि कुछ तुम्हारे सगे-संबंधियों को कोई खबर देनी हो, तुम्हारे मित्र-प्रियजनों को कोई संदेशा पहुंचाना हो, कोई चिट्ठी-पाती, तो कह दो, मैं जा रहा हूं।

यहां दूसरी बात समझ लें। मालिक ही जा सकता है। परतंत्र कहां जाए? कैसे खोजे? मालिक ही खोज सकता है। इसलिये हिंदुओं ने खोजियों को स्वामी कहा है। स्वामी का अर्थ मालिक। संन्यासी को स्वामी का नाम दिया है। जिसकी कम से कम इतनी मालकियत तो है कि वह खोज पर जाएगा।

तुम्हारी इतनी भी मालकियत नहीं कि तुम खोज पर निकलो। तुम तो पिंजरे में बंद हो। तुम तो किसी से कहोगे कि तुम जा रहे हो तो कुछ खबर ले जाना, या कुछ खबर ले आना! तुम खुद नहीं जा सकते। तुम्हारे पंख तो बंद हो गये हैं! इसलिए तुम्हें गुरुओं के पास जाना पड़ता है। किसी मालिक को खोजना पड़ता है, जो स्वदेश की खबर दे। इसलिए बिना गुरु के तुम्हारा काम न चल सकेगा।

यह पक्षी तो पिंजरे में बंद ही रह जाता, लेकिन मालिक इसका जा रहा था...मालिक जा सकता है। तो जब तक तुम वि सी अर्थों में मालिक नहीं बनते, तुम भी न जा सकोगे।

इसलिए साधना का पहला सूत्र है: थोड़ी मालकियत उपलब्ध करना। मालकियत का मतलब यह है कि तुम्हारा मन तुम्हें न चलाये। तुम मन की छाया बनकर न दोहरो, वरन तुम मन के मालिक हो जाओ और मन तुम्हारे पीछे चले। जब तुम मन से कहो, शांत हो जाओ, तो मन शांत हो जाए। जब तुम मन से कहो, विचार करो तो मन विचार करे। जब तुम कहो, निर्विचार हो जाओ तो मन तत्क्षण निर्विचार हो जाए। मन तुम्हारी आज्ञा माने, तो तुम मालिक।

इसलिए ध्यान, साधना का पहला सूत्र है। क्योंकि ध्यान से धीरे-धीरे तुम्हारी मालकियत उभरेगी; अन्यथा तुम पिंजरे में ही बंद रहोगे। मन तुम्हारा पिंजरा है। और तुम भूल ही गये हो। मन की मानते-मानते तुम बिलकुल ही भूल गये हो कि तुम मालिक हो, और तुम आदेश दे सकते हो और मन उसे मानेगा।

एक झेन फकीर लिंची बोल रहा था। एक जिद्दी आदमी, एक उपद्रवी आदमी बीच में खड़ा हो गया और उसने कहा कि तुमने लोगों को भरमा रखा है। तुमने लोगों को मालूम होता है सम्मोहित कर लिया है, हिप्नोटाइज कर लिया है। ये तुम्हारे शिष्य, जो तुम्हें चारों तरफ से घेरे हैं, तुम जो भी कहते हो ये वही करते हैं। कोई मुझे मनवाये! तुम मुझे आज्ञा देकर देखो तब मैं समझूं कि तुम गुरु हो।

लिंची ने कहा, 'मैं जरा कम सुनता हूं, तुम इधर आओ।'

वह आदमी आगे आया। वह आकर बाएं खड़ा हो गया।

लिंची ने कहा, 'बायां कान तो मेरा बिलकुल बेकार है, तुम दाएं आओ।'

वह आदमी दाएं आया।

उसने कहा कि भूल हो गई—लिंची ने कहा, 'दायां खराब है, बायां तो बिलकुल ठीक है, तुम बाएं आओ!' वह आदमी बाएं आया। लिंची ने कहा, 'बैठो! क्योंकि खड़े-खड़े क्या बात होगी?'

वह आदमी बैठा। लिंची ने कहा, 'मैं अपना व्याख्यान शुरू करूं! यह आदमी बड़ा आज्ञाकारी है। जो भी मैं कहता हूं, वही करता है। तू तो बिलकुल अनुयायी होने के योग्य है।' लिंची ने कहा, 'तू तो परम शिष्य हो जाएगा।'

तुम मन को जब तक बाएं न बिठा सको, दाएं न हटा सको तब तक तुम मालिक नहीं हो सकते। और मन बड़ा जिद्दी है। सच तो यह है कि तुम जो भी मन से कहो, उससे उल्टा मन तत्क्षण करके दिखलाता है। क्योंकि मन की मालकियत खोती है अगर तुम्हारी मान ले। तुम कहो बैठो, तो मन खड़ा हो जाता है। ताकि तुम्हें साफ हो जाए कि यह भूल दुबारा मत करना। तुम मना न पाओगे, मैं मानने वाला नहीं हूं।

यह बहुत पुरानी आदत हो गई है। जैसे किसी गुलाम को मालिक धीरे-धीरे-धीरे-धीरे भूल ही गया हो कि वह गुलाम है, और मोह से इतना भर गया हो कि गुलाम जो कहता है, मालिक मानने लगा हो; और अब गुलाम को समझाना मुश्किल है। अनेक जन्मों में तुमने गुलाम को मालिक बन जाने दिया, लेकिन इससे कोई फर्क नहीं पड़ता। तुम एक दफा ठीक से आवाज दोगे, अगर तुमने पूरे प्राणों से आवाज दी, गुलाम वहीं के वहीं ठिठककर खड़ा हो जाएगा। क्योंकि आखिर गुलाम गुलाम है, तुम मालिक हो। मालकियत खोई नहीं जा सकती। आदतवश तुम भूल सकते हो। लेकिन मालिक जाएगा; गुलाम कहां जाएगा? गुलाम की कोई यात्रा नहीं।

मालिक जा रहा था स्वदेश पक्षी के। तो उस मालिक ने पूछा कि कोई खबर, कोई संदेश तो नहीं ले जाना है तेरे संबंधियों के लिये? निश्चित ही संबंधी स्वदेश में ही हो सकते हैं। यहां तो संबंध नाम-मात्र को है। यहां तो संबंध झूठे हैं। जो तुम्हारा मित्र है आज, कल शत्रु हो सकता है।

पश्चिम के चाणक्य मेक्यावेली ने एक किताब लिखी है: 'दी प्रिन्स।' उसमें उसने राजकुमारों और सम्राटों को जो सलाहें दी हैं, उसमें एक सलाह यह भी है कि तुम अपने मित्र को वह मत कहना, जो तुम अपने शत्रु को नहीं कहना चाहते, क्योंकि जो आज मित्र है, कल शत्रु हो सकता है। और तुम अपने शत्रु के संबंध में भी वह बात मत कहना जो तुम अपने मित्र के संबंध में न कहना चाहोगे क्योंकि जो आज शत्रु है, कल मित्र हो सकता है।

इस संसार में नाते-रिश्ते ऐसे बदल रहे हैं, जैसे हवा में कंपते हुए वृक्ष के पत्ते। कब दिशा बदल लेते हैं, हवा पर निर्भर है। खुद की कोई दिशा नहीं है। जो आज पत्नी है, कल तलाक दे सकती है, शत्रु हो सकती है। जो आज बेटा है, कल हत्या कर सकता है, हत्यारा हो सकता है। यहां कौन तुम्हारा है? परदेश में कोई किसी का हो भी नहीं सकता। यहां सभी संबंध छाया जैसे हैं। जैसे दो आदमी खड़े हों और उन दोनों की छायाएं मिल रही हैं। वह कोई संबंध है? वे आदमी हटे कि छायाएं हट जाएंगी। छायाओं का कोई मिलन थोड़े ही होता है!

प्लेटो ने, यूनान के बहुत बड़े विचारक ने कहा है कि यह जगत छाया की तरह है। असली जगत कहीं और है। यह जगत प्रतिबिंब है। जैसे कोई नदी के किनारे खड़ा है, तो पानी में प्रतिबिंब बनता है, ऐसे ही इस जगत में प्रतिबिंब बन रहे हैं। वे प्रतिबिंब आपस में मिलते भी हैं, लेकिन उनका मिलना वास्तविक नहीं क्योंकि वे छायाएं हैं। ऊपर इस जगत के

विपरीत कोई और जगत भी है। उस जगत में ही मिलन होता है। इस जगत में तो नाममात्र का खेल है। यहां तो लोग खेल खेल रहे हैं। यहां तो दोस्ती एक खेल का नाम है, दुश्मनी दूसरे खेल का नाम है। और यहां बदलने में क्षण नहीं लगता। यहां सभी चीजें परिवर्तनशील हैं। हेराक्लतु ने कहा है कि एक चीज को छोड़कर सभी चीजें बदलती हैं; वह एक चीज परिवर्तन है। वह भर नहीं बदलता बाकी सब बदल जाता है। तो उसके न बदलने का क्या मतलब है? परिवर्तन सिर्फ स्थिर मालूम होता है, बाकी सब चीजें अस्थिर हैं।

मालिक ने पूछा कि जा रहा हूं तेरे देश; कोई खबर तो नहीं ले जानी है? पक्षी निश्चित बुद्धिमान रहा होगा। उसने खबर नहीं भेजी। उसने कहा, "बजाय खबर ले जाने के, सिर्फ मेरी दशा वहां बता देना।' बड़ा बुद्धिमान रहा होगा।

तुमसे अगर कोई कहे कि जा रहा हूं मैं तुम्हारे देश, कोई खबर ले जानी है? तुम लंबी चिट्ठी लिखकर रख दोगे। उसने बड़ी सार की बात कही। और क्या खबर है? इतनी ही खबर है कि मैं यहां कारागृह में बंद हूं, पिंजरे से घिरा हूं, खुला आकाश छिन गया, पंख व्यर्थ हुए जा रहे हैं। उड़ना भूलता जा रहा हूं। जिंदगी एक दुख और बोझ है। इतनी खबर वहां दे देना। चले जाना जंगल में और जहां मेरे मित्र, परिचित हैं, जहां मेरे सगे संबंधी हैं, जोर से चिल्लाकर कह देना कि ऐसी-ऐसी घटना घटी है। तुम्हारा साथी बंद है विदेश में।

पक्षी ने बड़ी होशियारी की। यह खबर उसने भेजी कि शायद कोई पक्षी जानता हो स्वतंत्र होने का राज। शायद किसी को तरकीब पता हो। शायद कोई पहले परतंत्र रह चुका हो और देश वापिस लौट गया हो। शायद कोई इस मुसीबत से गुजर चुका हो और उसके हाथ में कुंजी हो। शायद कोई गुरु मिल जाए।

गुरु का इतना ही अर्थ है, जो कभी परतंत्र था और अब स्वतंत्र है। तुम जहां हो, जो कभी वहीं खड़ा था और अब वहां नहीं है। जो छायाओं के जगत से वास्तविकता के जगत में पहुंच गया। जिसकी सराय हट गई और जिसका घर आ गया। लेकिन वही तुम्हारा गुरु हो सकता है।

यह बहुत मजे की बात है, परमात्मा सीधा तुम्हारा गुरु नहीं हो सकता, क्योंकि उसने कभी कोई परतंत्रता नहीं जानी। इसलिए स्वतंत्रता की कुंजियां तुम्हें उसके पास न मिलेंगी। परमात्मा तुम्हें मिल भी जाए और तुम उससे पूछो भी तो वह तुम्हारी स्थिति न समझ सकेगा। तुम उससे कितना ही कहो, मैं परतंत्र हूं, बड़ी मुसीबत में हूं, कोई तरकीब बताओ, परमात्मा तुम्हें कोई तरकीब न बता सकेगा।

क्योंकि परमात्मा किसी सराय में कभी ठहरा नहीं। वह घर में ही है।

इसलिए एक धारणा सभी धर्मों ने पैदा की, परमात्मा खुद जवाब नहीं दे सकता। तो परमात्मा का बेटा जीसस पैदा होता है! यह सिर्फ एक कहानी है। लेकिन जीसस के पैदा होने का अर्थ है, पहले जीसस मनुष्य बनते हैं। पहले वे परतंत्रता से गुजरते हैं, पिंजरे में कैद होते हैं, तभी स्वतंत्रता खोजी जा सकती है।

हिंदुओं की अवतार की धारणा है। परमात्मा सीधा उत्तर क्यों नहीं देता? क्या जरूरत है राम, कृष्ण की? आत्मा से सीधा सवाल क्यों नहीं आता? जैन कहते हैं, तीर्थंकर से सवाल का जवाब आयेगा। बौद्ध कहते हैं, बुद्ध उत्तर देंगे।

अस्तित्व उत्तर क्यों नहीं देता? पूछो आकाश से, उत्तर क्यों नहीं देता? आकाश उत्तर नहीं दे सकता क्योंकि आकाश कभी पिंजरे में बंद नहीं रहा। उत्तर वही दे सकता है, जो तुम्हारी मुसोबत से गुजरा हो। चाभी उसी के पास हो सकती है जो मुसीबत में भी रहा हो और बाहर भी हो गया हो। उस कैदी से पूछो जेल के बाहर निकलने का राज जो दीवाल पर छलांग लगाकर निकल गया। जो बाहर ही हैं, उनसे जेल के बाहर निकलने का राज तुम न पता न लगा सकोगे।

इसलिए गुरजिएफ कहता था, 'उस कैदी की तलाश करो जो किसी तरह जेल के बाहर निकल गया है। वही तुम्हारा गुरु है।' जो जेल के बाहर हैं वे तुम्हें मिल भी जाएं तो तुम्हें किसी काम के नहीं हैं। क्या बतायेंगे तुम्हें? क्योंकि उन्हें पता ही नहीं कि जेल क्या है? उन्हें पता नहीं है कि कितनी ऊंची दीवालें हैं? उन्हें पता नहीं है कि कितने मजबूत पत्थरों की दीवालें हैं। उन्हें पता ही नहीं है कि कितना मजबूत पहरा है। उन्हें पता नहीं है कि कहां से निकलने का उपाय हो सकता है। जो निकल गया है कारागृह के बाहर उसे पकड़ो, वही तुम्हारा गुरु है।

तो उस पक्षी ने कहा कि तुम जंगल में जाकर चिल्ला देना कि मेरी ऐसी दशा है। और कुछ कहना नहीं है। और कुछ कहने को भी नहीं है। सोचा उसने कि अगर कोई जानता होगा राज, तो किसी न किसी तरह खबर आ जाएगी।

गया यह आदमी। जंगल में जाकर जहां उसने देखा कि उस पक्षियों के जाति-बिरादरी के लोग वृक्षों पर बैठे थे, चिल्लाकर उसने कहा कि सुनो। तुम्हारी जाति का, तुम्हारे जगत का एक पक्षी, तुम जैसा एक पक्षी कारागृह में बंद है, पिंजरे में बंद है। उसने अपने दुख की, पीड़ा की खबर भेजी है।

यह सुनते ही एक पक्षी तत्क्षण वृक्ष से नीचे गिर पड़ा, मर गया!

आदमी तो बड़ा दुखी हुआ कि यह भी मैं कैसी खबर लाया—अपशकुन! क्या इतनी पीड़ा हो गई इस सगे-संबंधी को? शायद पति रहा हो, पत्नी रहा हो, मित्र रहा हो। इतनी पीड़ा कि खबर पाकर कि अपना कोई बंद है, यह मर ही गया! धक्का लग गया।

आदमी भी बेचैन हो गया। लेकिन अब तो कुछ किया नहीं जा सकता था। घटना घट गई थी। वह वापिस लौटा। उदासी से उसने जाकर पक्षी को कहा कि जब मैंने तेरी खबर दी और जब मैंने तेरे दुख की कथा कही तो बड़े दुख का समाचार है कि एक पक्षी तत्क्षण वृक्ष से नीचे गिरकर मर गया। मुझे बड़ी पीड़ा हुई। लेकिन जब यह कह रहा था तभी उसने देखा कि उसका खुद का पक्षी पिंजरे में गिरकर मर गया।

यह तो कुंजी थी, जो गुरु ने भेजी थी। और गुरु शब्दों से नहीं दे सकता था, आचरण से ही दे सकता था। शब्द क्या देंगे? गुरु आचरण से दे सकता है। गुरु ने व्यवहार कर के कुंजी दे दी। बड़ा होशियारं पक्षी रहा होगा, बड़ी मजबूत कारागृह से छूटा होगा। और यही तरकीब उसने अखत्यार की होगी, जो तरकीब उसने भेजी। मर गया होगा पिंजरे में। और जब कोई मर जाता है तो मरे को तो कोई कैद नहीं करता, जिंदा को कैद किया जाता है। मरे को तो कोई कैद नहीं करता।

इसलिये लाओत्से ने कहा है, 'मरे हुए की भांति हो जाओ, फिर तुम्हें कोई कैद न करेगा।'

इसलिये उपनिषद कहते हैं, जीते जी मुर्दा हो जाओ, फिर तुम्हें कोई बांधेगा नहीं। क्योंकि मुर्दे को तो लोग जलाने ले जाते हैं, बांधता कौन है? बांधते तो तुम्हें इसलिए हैं कि तुम जिंदा हो।

और लाओत्से ने यह भी कहा है कि तुम जितने ज्यादा जिंदा दिखाई पड़ोगे, उतने ज्यादा मुसीबत में पड़ोगे; क्योंकि उतने ज्यादा लोग तुम्हें बांधेंगे। तुम जितने ज्यादा सुंदर हो, उतनी झंझट में पड़ोगे, उतने ज्यादा लोग तुम्हें बांधेंगे। तुम जितने बुद्धिमान हो उतना तुमने मुसीबत को निमंत्रण दिया, क्योंकि उतने ज्यादा लोग तुम्हें बांधेंगे। तुम मुर्दा हो जाओ—न बुद्धि है, न रूप है, कुछ भी नहीं है। तुम नाकुछ हो फिर तुम्हें कोई नहीं बांधेगा। लाओत्से और उसका अनुयायी च्वांगत्से ऐसी बहुत सी कहानियों में रस लेते हैं।

एक जंगल से लाओत्से गुजर रहा है, वहां सारे वृक्ष काटे जा रहे हैं, सिर्फ एक वृक्ष नहीं काटा जा रहा है। वृक्ष बड़ा है। हजार बैलगाड़ियां उसके नीचे रुक जाएं ऐसी उसकी छाया है।

लाओत्से ने कहा, इस वृक्ष से जाकर पूछो कि तेरा राज क्या है? जब सब कट गये, तू कैसे बचा? शिष्यों ने कहा, वृक्ष क्या जवाब देगा? लाओत्से ने कहा, फिर भी तुम पूछो, पता लगाओ। इन मजदूरों से पूछो, जो दूसरे वृक्षों को काटे जा रहे हैं, जंगल साफ किया जा रहा है।

शिष्य गये। उन्होंने मजदूरों से पूछा। उन्होंने कहा, 'वह वृक्ष किसी काम का ही नहीं। बिलकुल ऐसा बेकाम वृक्ष दुनिया में खोजना मुश्किल है। उसके पत्ते जानवर चरते नहीं, उसकी शाखाएं ऐसी टेढ़ी-मेढ़ी हैं कि उनसे कुछ भी नहीं बनाया जा सकता। और उसकी शाखाओं को अगर जलाओ तो ऐसा भयंकर धुआं उठता है कि घर में रहना मुश्किल हो जाए, इसलिए उसको जलाया भी नहीं जा सकता। न उसका तुम ईंधन बना सकते हो, न फर्निचर; न पत्ते वृक्ष के किसी के खाने में काम आते हैं। ऐसा बेकार वृक्ष पृथ्वी पर है ही नहीं, इसीलिए बचा है।'

लाओत्से ने कहा, 'समझ लो, अगर तुम्हें भी बचना हो तो बिलकुल बेकार हो रहो। यह वृक्ष के पास कुंजी है; इससे सीख लो। सब जब काटे जा रहे हैं, तब यह देखो आकाश में कैसा फैल रहा है उन्मुक्त! इसे कोई भय नहीं। जो सीधे थे वे सबसे पहले काट दिये गये। जो सुंदर थे, सुडौल थे, उनका फर्निचर बन चुका है। जो धनी थे और अकड़े थे आकाश में, अब उनको कहीं भी खोजना आसान नहीं है। तुम इस वृक्ष की भांति होते रहो, हो रहो; तभी तुम्हारा जीवन खिलेगा, फूलेगा।

लाओत्से एक गांव से गुजरा और उस गांव में लोग पकड़े जा रहे थे क्योंकि राज्य युद्ध में उलझा था और हर जवान, शक्तिशाली आदमी को पकड़ा जा रहा था। सिर्फ एक आदमी जो कुबड़ा था, वह भर छोड़ दिया गया था। लाओत्से ने कहा, इस कुबड़े से पूछो, 'तेरे बचने की तरकीब क्या है?' उस कुबड़े ने कहा, 'चूंकि मैं कुबड़ा हूं, मैं किसी काम का नहीं। मेरी कमर झुकी है।' लाओत्से ने कहा, 'सीख लो। अगर कमर सीधी रखी, काटे जाओगे बकरों की तरह युद्ध के मैदान पर। यह कुबड़ा बच गया है। यह किसी काम का नहीं है। बेकाम हो रहो।'

लेकिन बेकाम तो तभी तुम पूरी तरह हो पाओगे, जब तुम मुर्दे की भांति हो। नहीं तो

थोड़ा न बहुत काम रहेगा। थोड़ा न बहुत काम बचेगा ही। कुबड़ा भी किसी न किसी काम में लगाया जा सकता है। और यह बेकार वृक्ष का भी कोई न कोई उपयोग खोजा जा सकता है। पड़ोसियों को सताने के लिये धुआं करना हो, कि मच्छर भगाने हों, कोई न कोई रास्ता खोजा जा सकता है इस वृक्ष के लिये भी। जब तक तुम हो तब तक कुछ खतरा है; लेकिन जब तुम नहीं हो तब कोई खतरा नहीं है, तब तुम खतरे के बाहर हुए।

यह पक्षी पिंजरे में रह चुका होगा और मरकर बाहर हुआ। मरने में इसने कुंजी पाई। जब तक न मरा, तब तक बंद रहा। जिंदगी छोड़ दी, पिंजरा छूट गया, यह मृतवत हो गया।

संन्यास की परिभाषा है : संसार में मृतवत हो जाना। फिर तुम्हें कोई पकड़ेगा नहीं; फिर तुम्हें कोई बांधेगा नहीं।

कौन मुर्दे को बांधता है? मुर्दे को लोग घड़ी भर घर में नहीं रखते। यहां मरा नहीं कि वहां उसको उठाने की तैयारी कर देते हैं। जल्दी लकड़ी बांधी जाने लगती है, अर्थी तैयार होने लगती है। घर के लोग तो घर के लोग, पास-पड़ोस के लोग जो कभी किसी काम नहीं आए, वे जल्दी से बांस वगैरह इकट्ठा करके तैयारी करने लगते हैं, क्योंकि घर के लोग रोने-धोने में लगे हैं, जल्दी करनी है। तुम बंधे और चले!

यह पक्षी जानता था कुंजी; लेकिन इस कुंजी को कैसे पहुंचाये? क्योंकि पहुंचाने वाले के हाथ कुंजी विकृत हो सकती है। माध्यम कुंजी को नष्ट कर सकता है। शब्द माध्यम है; आचरण, 'इमिजिएट' है, सीधा है। अगर यह शब्दों से कहता तो यह आदमी के हाथ में शब्द पड़ जाते। फिर यह शब्दों में से कितना छोड़ता, कितना बचाता, कैसी व्याख्या करता, मुश्किल था! क्या खबर पहुंचती, कहना मुश्किल है।

शास्त्रों से जो खबर गुरुओं ने पहुंचाई है, वह तुम तक पहुंची नहीं है। यह आदमी अगर सुनकर ले जाता तो शास्त्र बन जाता। यह संदेश पहुंच नहीं सकता था। इसलिए गुरुओं ने दो तरह से संदेश भेजा है। एक तो शास्त्रों से भेजा है, जो नहीं पहुंचा। वह कोशिश असफल गई। दूसरा स्वयं दिया है—आचरण से, अपने होने से, अपने होने के ढंग से; वही पहुंचा।

लेकिन वह होने का ढंग तो तभी पहुंच सकता है, जब गुरु मौजूद हो। इसलिए जब तक जीवित गुरु मिले, तब तक शास्त्र में भटकना ही मत। जब जीवित गुरु न मिल सके तभी शास्त्र में भटकना। जीवित गुरु के सामने शास्त्र दो कौड़ी का है। वह न हो तो शास्त्र का कोई उपयोग है। तब फिर टटोलना, अंधेरे में खोजना। लेकिन जिंदा अगर ले जाने को तैयार हो, तब रामायण और गीता पढ़ते मत बैठे रहना; क्योंकि तुम चूक रहे हो।

माध्यम से खबर भेजी जाए तो विकृत हो जाती है।

वह पक्षी गिर पड़ा वृक्ष से। यह आदमी अब इसमें कुछ भी बदल न सका। आचरण सीधी चोट करता है। यह आदमी अवाक रह गया। उस अवाक क्षण में इसके विचार भी चुप्प हो गये होंगे, जब पक्षी मरकर गिरा। एक क्षण को यह ध्यानस्थ हो गया होगा। पक्षी बड़ा ही होशियार था। उसने इस माध्यम का ठीक उपयोग किया। एक क्षण को जब पक्षी मरकर वृक्ष से गिरा होगा तो इसके विचार रुक गये होंगे क्योंकि घटना इतनी आकस्मिक थी! पक्षी कुछ कहता तो इस आदमी के विचार चलते रहते। यह सुनता; लेकिन इसके विचार उसमें मिश्रित हो जाते। शुद्ध 'की' न पहुंच पाती, शुद्ध कुंजी न पहुंच पाती। और कुंजी अगर जरा

भी इरछी-तिरछी हो जाए तो ताले नहीं खोलती। कुंजी तो ताला तभी खोल सकती है—जब बिलकुल वैसी ही पहुंचे, जैसी दी गई। उसमें रत्ती भर भेद नहीं चाहिये क्योंकि ताला बड़ा सूक्ष्म है।

पक्षी गिरा।

यह आदमी अवाक रह गया। इसको धक्का भी लगा कि यह मैंने कौन-सी बात कही! कैसा अपशकुन अपने हाथ लिया! यह मृत्यु का जिम्मा मेरा हुआ, मैं हत्यारा बना—अकारण!

वापिस लौटा, पर इसे खयाल भी न आया कि इसके माध्यम से एक कुंजी भेजी जा रही है। इसे पता भी न चला। पता चलने का कोई कारण भी नहीं था। क्योंकि न कुछ कहा गया था, न कुछ सुना गया था। शब्द कहे होते तो यह संदेश समझता। आचरण भेजा जा रहा था। यह उसे खयाल में भी नहीं आया। यह कल्पना में भी नहीं उठा। तुम्हारी कल्पना में भी नहीं उठता। अगर उसको खयाल में आ जाता तो शायद वह खुद भी मुक्त हो जाने की कुंजी पा जाता।

अकसर ऐसा ही होता है कि सदगुरु ऐसे माध्यमों का उपयोग भी करता है, जिनको खुद भी पता नहीं चलता कि वे कुंजी ले जा रहे हैं; कि उनकी कुंजी किसी के जीवन की मुक्ति का द्वार खोल देगी। वे कुंजी के वाहक हैं, लेकिन खुद किसी द्वार को नहीं खोल पाते। ऐसा बहुत बार हुआ है।

महावीर के गणधर हैं, उनके शिष्य हैं, जिनके माध्यम से उन्होंने कुंजियां फैलाईं; लेकिन उनमें उनका खास शिष्य गौतम अंत समय तक भी अज्ञानी रहा। और वह सबसे कुशल था संदेशवाहक। महावीर जो संदेश उससे भेजते, वह शुद्ध पहुंच जाता। लेकिन अपनी कुंजी, अपने ताले को वह नहीं खोल पाया। यही इस आदमी के साथ हुआ।

ऐसा बहुत बार हुआ है। रामकृष्ण ने विवेकानंद के हाथ कुंजी भेजी सारी दुनिया में। कुछ लोगों ने उस कुंजी से ताले खोले, लेकिन विवेकानंद नहीं खोल पाये अपना ताला। उन्हें पता ही नहीं चला कि क्या हो रहा है।

यह कहानी बड़ी अदभुत है। उस आदमी को स्मरण भी न रहा, अनुमान भी न लगा, विचार भी न उठा कि कुछ उसके द्वारा भेजा जा रहा है। भेजनेवाला इतना कुशल है। अगर कुंजी कहकर दी जाए तो उसमें फर्क पड़ जाएंगे। अगर कुंजी कहकर दी जाए कि सम्हालकर रखना तो यह आदमी उसे खो भी सकता है। क्योंकि जब तुम किसी चीज को बहुत सम्हालते हो तो खोने का डर पैदा हो जाता है। जब तुम किसी हीरे को तिजोरी में रखते हो तो चोरी हो जाता है। इसलिए जो बहुत बुद्धिमान हैं, वे हीरे को कचरे की टोकरी में रख देते हैं; वहां से कभी चोरी नहीं जाता। कचरे की टोकरी में कौन फिक्र करता है? तिजोरी...।

यह आया वापिस। पक्षी प्रतीक्षा कर रहा था। इसने कहा कि बड़ी अनूठी बात हो गई। भरोसा नहीं आता, दुखद घटना घटी है। तेरा कोई प्रेमी, तेरा कोई संबंधी अपना कोई निकट का रिश्तेदार, जब मैंने जंगल में जाकर कहा कि तुम्हारा एक साथी ऐसा-ऐसा पिंजरे में बंद है, पीड़ा में है, परतंत्र है, सुनते ही इतना दुखी हो गया—यह इसकी व्याख्या है—कि सुनकर इतना दुखी हो गया कि दुख में उसका प्राणांत हो गया। वह गिरा और मर गया।

लेकिन जब वह यह कहने में संलग्न था, तभी उसने देखा कि उसका खुद का पक्षी पिंजरे में गिरकर मर गया। पिंजरे की तलहटी में पड़ा है निष्प्राण। फिर भी वह न समझ पाया।

वाहक अकसर नहीं समझ पाते। पंडित शास्त्रों को ढोते हैं सदियों तक और नहीं समझ पाते। पंडित एक पीढ़ी से दूसरी पीढ़ी तक संदेश पहुंचा देते हैं, और उनके ताले बंद रहते हैं। वे कारागृह में रह जाते हैं।

फिर भी नहीं समझ पाया। तब भी उसने यही समझा कि यह बात ही कुछ गड़बड़ है। यह कहना ही उचित नहीं हुआ। इसका सगा-संबंधी वहां मर गया, उसके मरने की खबर सुनकर यह मर गया। यह मुझे बात ही नहीं उठानी थी। लेकिन जब पिंजरे में पक्षी मर गया तो खोलने के सिवाय कोई उपाय न था। पिंजरा उसने खोल दिया। खोलते ही वह हैरान हुआ, पक्षी फड़फड़ाया, आकाश की तरफ उड़ गया।

यह स्वतंत्रता का राज था। पक्षी समझ गया कि क्या है उपाय। पक्षी को नहीं बांधा हुआ है, यह वह समझ गया; पक्षी के जीवन को बांधा हुआ है। यह जो पिंजरा है, यह पक्षी के जीवंतता के लिये है, पक्षी के लिये नहीं है। पक्षी अगर मर जाये तो यह पिंजरा खतम हो जाता है। जिसने दरवाजा बंद किया, वह खुद ही खोल देगा। यही सूत्र है।

इस पिंजरे में जहां तुम हो, इस परतंत्रता में जहां तुम बंद हो, इन जंजीरों में जिनमें तुम घिरे हो, ये जंजीरें तुम्हारी जीवंतता के लिये हैं। तुम निष्प्राण हो रहो, इसी क्षण जिसने तुम्हें बांधा है, वे तुम्हारा द्वार खोल देंगे। फिर खुला आकाश तुम्हारा है। मृतवत हो रहो, अगर परम जीवन पाना है।

इसलिए जीसस कहते हैं, 'जो बचायेगा अपने जीवन को, वह खो देगा। जो खोने को राजी है, उसका जीवन बच जाएगा।'

अगर तुम बचाओगे, तुम पिंजरे में रहोगे। तुम अपने ही हाथ लुटा दो, पिंजरा बेकार हो जाता है।

मृतवत हो जाने का क्या अर्थ हो सकता है?

मृतवत हो जाने का अर्थ है, तुम्हारी कोई वासना न हो, तुम्हारी कोई चाह न हो। क्योंकि चाह जीवन का पर्याय है, वासना जीवन का पर्याय है। जब तक तुम मांगते हो, चाहते हो, तब तक तुम जीवित हो। मुर्दा में और तुम में फर्क क्या है? क्योंकि मुर्दा कुछ मांगता नहीं; उसकी कोई चाह नहीं। मुर्दे में और तुममें फर्क क्या है? कि मुर्दा जहां है, वहीं रहता है, तुम यात्रा करते हो। तुम्हारी आकांक्षा तुम्हें भविष्य में दौड़ाती है। मुर्दा वर्तमान में है, तुम भविष्य में हो; बस यही फर्क है। श्वास चलने न चलने से किसी के जीवित और मुर्दा होने का सवाल नहीं है। जिस व्यक्ति की वासना मिट गई वह मृतवत हो गया।

इसलिये जो लोग जीवन के पक्षपाती हैं—जैसे नीत्शे; नीत्शे कहता है कि भारतीयों की बात भूलकर भी मत सुनना। बुद्ध और महावीरों से दूर रहना क्योंकि ये खतरनाक लोग हैं। इनका खतरा यह है, वह कहता है कि अगर तुमने इनकी बात मानी तो तुम मृतवत हो जाओगे। तुम मर जाओगे। और जीवन है जीवन के लिये। 'अगर तुम्हें जीना है तो मेरी सुनो।' नीत्शे कहता है, 'फैलाओ अपनी वासना को, जितनी फैला सको। बढ़ाओ अपनी

आकांक्षा को, जितनी बढ़ा सको। तुम्हारी महत्वाकांक्षा क्षितिज को छू ले और उसके भी पार निकल जाए। तुम रुकना मत अपनी वासना में, तो ही तुम जी सकोगे।' वह भी ठीक कह रहा है। क्योंकि वह दूसरा पहलू है। अगर जीना है तो महत्वाकांक्षा को फैलाओ।

लेकिन जितनी बड़ी महत्वाकांक्षा होती है, उतना ही छोटा पिंजरा हो जाता है। इसलिए सम्राट जिस बुरी तरह कैद होता है, भिखारी उस बुरी तरह कैद नहीं होता। सम्राट का महल अपने ही हाथ से बनाया हुआ कारागृह है। सम्राट के महल में और कारागृह में इतना ही फर्क है कि कारागृह में हम सिपाही को खड़ा करते हैं ताकि भीतर का आदमी बाहर न चला जाए। सम्राट के महल में सिपाही को खड़ा करते हैं ताकि बाहर का आदमी भीतर न चला जाए। बाकी सिपाही खड़ा है और कारागृह बराबर है। फर्क इतना ही है कि यह खुद का बनाया कारागृह है; इसलिए सम्राट को समझ में आता है कि मैं गुलाम हूं। कारागृह जब दूसरे बनाते हैं, तब तुम्हें समझ में आता है तुम गुलाम हो। जब तुम खुद ही बनाते हो तो मेहनत भी करते हो, गुलाम भी हो जाते हो। पिंजरे तुम खुद ही ढालते हो। तुम्हारी महत्वाकांक्षाएं तुम्हारे पिंजरे बन जाती है।

नीत्शे भी ठीक कहता है, वह दूसरा पहलू है। वह बात तो ठीक ही कह रहा है। बुद्ध के विपरीत नहीं है बात, अगर समझो तो ठीक वही है। नीत्शे कह रहा है, 'अगर तुम जीवन को चाहते हो तो बढ़ाओ आकांक्षा को, महत्वाकांक्षा को। और तनाव से घबड़ाओ मत, तनाव तो जीवन का हिस्सा है। अशांति से बेचैन मत होओ क्योंकि अशांति के बिना तो तुम मर जाओगे। जीवन अशांति है। शांति की कामना मत करो क्योंकि शांति तो केवल मरे हुए को मिल सकती है। जब तक जी रहे हो तब तक कैसे तुम शांत होओगे?

और नीत्शे कहता है, 'जितनी बड़ी तुम्हारी महत्वाकांक्षा, उतनी जीवन की ऊर्जा तुम्हारे भीतर बहेगी। तुम मृत्यु को मानो ही मत। तुम शाश्वत जीवन को चाहो—फार एवर...फार एवर। जो सदा चलता रहे, ऐसे जीवन की आकांक्षा करो। मृत्यु को मानो ही मत। और अपने जीवन के लिये अगर तुम्हें दूसरों को मिटाना पड़े तो भय मत करो, मिटाओ। क्योंकि जीवन सदा दूसरे के जीवन पर जीता है।'

नीत्शे की बात मानकर हिटलर पैदा हुआ; वह नीत्शे का शिष्य। तो उसने लाखों लोग काट डाले। दूसरे को मिटाओ क्योंकि यही तुम्हारे जीवन का ढंग है। बड़ी मछली छोटी मछली को खा जाती है। बड़ा वृक्ष छोटे वृक्ष को सुखा देता है। जमीन से सारा पानी खींच लेता है, छोटा वृक्ष सूख जाता है। बड़े होओ, छोटे हो सुखाओ; और डरो मत। दुर्बल को मिटाओ ताकि तुम सफल हो सको।

यह एक दृष्टि है, जिसको चाहे हम बौद्धिक रूप से स्वीकार करें न करें, हम सब व्यवहार करते हैं। यही हमारा आचरण है। बुद्ध और महावीर, या सूफी फकीर कहते हैं कि यह तुम्हारा आचरण ही तुम्हारा कारागृह है। तुम दुखी ही रहोगे। तुम्हारी वासनाएं तुम्हारे चारों तरफ जंजीरें बन जाएंगी। तुम जितना चाहोगे, उतने ही बंधोगे।

एक और भी जीवन है अचाह का; लेकिन उस जीवन की कला मरना सीखना है। इसलिये सब धर्म मृत्यु की कला है। कैसे तुम मिटो! लेकिन ध्यान रहे, मिटकर भी तुम मिटोगे नहीं; तुम्हारा जो व्यर्थ है, वही मिटेगा। तुम उसी दीये को बुझा सकते हो जो तेल

बाती वाला है। जो दीया बिन बाती बिन तेल जल रहा है, उसे तुम बुझा भी न सकोगे। तुम उसी को मिटा सकोगे, जो तुम नहीं हो। जो तुम हो, उसे तो मिटाया ही नहीं जा सकता। इसलिए जब धर्म कहता है : मरो तो वही मरेगा, जो मरणधर्मा है। वह मरा ही हुआ है। लेकिन जो तुम्हारे भीतर शाश्वत जीवन है, वह तो मरेगा नहीं।

पक्षी भी सिर्फ मरने का बहाना कर रहा था। उसके भीतर असली तो मरा नहीं था; नहीं तो उड़ता कौन? पक्षी भी मरकर बहाना कर रहा था, अभिनय कर रहा था। सिर्फ मृतवत पड़ा था, मृत था तो नहीं। यह तो टेकनिक था। यह तो विधि थी। लेकिन विधि कारागृह के मालिक को धोखा दे गई। विधि ने काम किया। उसने दरवाजा खोल दिया। जीवन की धारा तो भीतर बह रही थी। वह तो कभी मिटती नहीं। वह तो अकारण है। वह तो सदा है। उसका कोई अंत और प्रारंभ नहीं। वह धारा उड़ गई आकाश में।

तुम भी जब मरने का बहाना करोगे, तब तुम्हारे भीतर जो मरा हुआ है वही...तुम्हारे भीतर जो जीवन की धारा है, वह नहीं मरती। इसलिए संन्यास मृतवत होने की कला है। 'मृतवत'—ध्यान रखना, तुम मर नहीं जाते हो, मृतवत हो जाते हो। तुम्हारे भीतर जो जग रहा है, जी रहा है, वह तो जीता है; और भी प्रगाढ़ता से जीता है क्योंकि तुम्हारे शरीर का धुआं उस पर नहीं होता। ज्योति निर्धूम जलती है। और जैसे ही एक बार लोगों ने समझा कि तुम मृतवत हो, तुम कारागृह के बाहर हो। खुला आकाश तुम्हारा है।

यह सूफियों की कुंजी है। यह समस्त सूफियों की कुंजी है—वह सूफी कहीं भी पैदा हुए हों।

महावीर संन्यस्त होना चाहते थे। मां ने कहा, 'बात मत उठाना मेरे सामने जब तक मैं जिंदा हूं, तब तक यह बात मत उठाना। मुझे बड़ा दुख होगा। मैं मर जाऊंगी।' महावीर चुप हो गये। फिर मां चल बसी। पिता भी चल बसे। मरघट से लौटते वक्त महावीर ने अपने बड़े भाई को कहा कि अब आज्ञा दे दो, कि मैं संन्यासी हो जाऊं। यह मां और पिता के लिये रुका था कि उनको दुख न हो। भाई ने कहा, कि तू भी हद्द पागल है! अभी हम घर भी नहीं लौटे, मां को दफनाकर आ रहे हैं, मुझ पर इतना बड़ा दुख टूटा और तू संन्यास लेना चाहता है? यह बात मत उठाना।

महावीर चुप हो रहे। फिर उन्होंने यह बात न उठाई। दो साल बीत गये। लेकिन घर के लोगों को धीरे-धीरे भूल ही गया कि महावीर घर में है। वे मृतवत हो रहे। उठते, चलते, बैठते, लेकिन न किसी का विरोध, न किसी के मार्ग में आते, न कोई सलाह देते; जैसे थे ही नहीं। जैसे हवा का एक झोंका हो गए—आया, गया! किसी को पता भी न चलता। घर के लोगों को कई दिन बीत जाते और खयाल न आता कि महावीर क्या कर रहे हैं और क्या हैं, कहां हैं?

आखिर घर के लोग इकट्ठे हुए और उन्होंने कहा हम इस आदमी को व्यर्थ ही रोके हैं, यह तो जा चुका। पिंजरा हम बेकार ही बंद करे हैं, यह तो मर चुका। तो घर के लोग इकट्ठे हुए; और बड़े भाई ने प्रार्थना की, कि तुम जाओ क्योंकि हम तुम्हें रोक न सके। तुम्हारा इस भांति होना न होना बराबर है। हम क्यों पाप के भागीदार बनें? तुम हो ही नहीं इस घर में। यह महल तुम्हें भूल ही गया। तुम कब आते हो छाया की तरह, तुम कब जाते हो, कुछ पता नहीं चलता।

झेन फकीर कहते है, संन्यासी ऐसा हो जाता है जैसे वृक्ष की छाया। छाया—वृक्ष डोलता है तो छाया भी डोलती है, लेकिन छाया के डोलने से जमीन पर पड़ी धूल में कोई विघ्न-बाधा नहीं पड़ती। छाया डोलती है लेकिन धूल हिलती भी नहीं। धूल को पता भी नहीं चलता, कोई ऊपर बुहारी मार रहा है। लेकिन छाया की कोई बुहारी है? महावीर छाया की भांति हो गये—मृतवत।

सूफी कहानी ठीक ही कहती है। घर के लोग इकट्ठे हुए और उन्होंने कहा, तुम जाओ भी। उन्होंने पिंजरा खोल दिया कि जो मृतवत हो चुका है उसे हम अब क्या रोकेंगे? अब रोकने को कुछ बचा नहीं। जिसकी वासना जा चुकी उसे हम कैसे रोकेंगे? उसके लिये घर ही जंगल हो गया। उसके लिये महल एकांत हो गया। वहां कोई न रहा।

तुम भीड़ में हो क्योंकि तुम्हारी वासना है। तुम्हारी चाह ही तुम्हारी भीड़ है। तुम घर में बंधे हो क्योंकि तुम्हारी महत्वाकांक्षा है। महत्वाकांक्षा ही तुम्हारा घर है। जिस दिन तुम मृतवत हो—इसको सूत्र समझो। इस भांति जीयो जैसे तुम हो ही नहीं। फिर देखो, क्या घटता है। धीरे-धीरे लोग तुम्हें भूल जाएंगे।

तुम्हें डर लगता है कि लोग भूल न जाएं इसलिए तुम हर हालत कोशिश करते हो कि उनको पता चलता रहे कि तुम हो। घर तुम जाते हो तो जोर से कदम रखते हो, सामान गिराते हो, आवाज करते हो ताकि पता चलता रहे कि तुम हो। बेटा कहता है, 'जरा मैं बाहर खेल आऊं?' कोई हर्ज नहीं है कि वह बाहर खेल आये। तुमसे नहीं पूछता, पूछने की भी कोई जरूरत नहीं; लेकिन तुम कहते हो—'नहीं'! 'नहीं' से पता चलता है कि तुम हो। हां कहोगे, तो किसको पता चलेगा?

संन्यासी अपने को हटा लेता है दूसरों के मार्ग से। वह शोरगुल नहीं करता। वह किसी को बाधा नहीं देता। वह छाया की भांति हो जाता है। डोलता जरूर है, लेकिन धूल हिलती नहीं। ऐसा—नहीं जैसा हो जाने का नाम संन्यास है। और वही कुंजी है संसार के बाहर जाने की। तुम संन्यस्त हुए कि जिनने तुम्हें कारागृह में बांधा है, वे द्वार खोल देंगे। अगर वे द्वार अभी भी बंद किए हैं तो उसका मतलब इतना है कि तुम अभी संन्यस्त नहीं हुए। तुम मरकर गिरे नहीं। तुम अभी भी बैठे, जागे, जीवन से भरे, इच्छा से भरे बैठे हो।

और आखिरी बात समझ लेना; अगर तुम्हारे मन में मुक्त होने की इच्छा भी रह गई तो भी यह पिंजरा खुलेगा नहीं।

अगर वह पक्षी सोचता—जैसा कि तुम सोचोगे, तुम्हारा मन सोचेगा—अगर वह पक्षी सोचता कि यह मेरा मालिक इतनी करुणा से भर गया है उस पक्षी के मरने से, कि शायद अब मुझे मुक्त कर दे! और वह आंखें टकटकी लगाये इस मालिक की तरफ देखता, क्या तुम आशा करते हो, यह मालिक उसका पिंजरा खोलता? यह पिंजरा खुलने वाला नहीं था। यह चाहे कितनी ही करुणा से भर गये हों, यह सब करुणा ऊपर-ऊपर है। करुणा इतनी नहीं है कि पिंजरा खोल देता। यह तो उसने सोचा भी नहीं था कि पिंजरा जाकर खोलना है। यह तो खयाल भी नहीं आया था। अगर इतनी भी वासना इसमें बचती तो यह कुंजी चूक जाता। मोक्ष की आकांक्षा भी मोक्ष में बाधा बन जाती है। न, यह तो समझ ही गया सार।

सूफियों की एक दूसरी कहानी है, बिलकुल ठीक इसके समानांतर।

एक सूफी फकीर नदी में स्नान कर रहा है। एक बड़े दार्शनिक ने जाकर उससे नदी के किनारे खड़े होकर पूछा, 'मैं कई दिनों से तुम्हारी तलाश कर रहा हूं। लोग कहते हैं, तुम्हें मुक्ति का राज मिल गया। मैं पूछने आया हूं, और आज तुम्हें मैंने मौके पर पकड़ लिया है, नदी में स्नान करते। तुम मिलते ही नहीं। तुम कहां जाते हो, कहां ठहरते हो, तुम्हारा कोई पता-ठिकाना नही। जहां खोजने जाता हूं वहां पता चलता है, तुम कहीं और चले गये। वह। जाता हूं, पता चलता है, तुम कहीं और चले गये। आज ठीक वक्त पर पकड़ लिया है।'

नदी के किनारे ही खड़े उसने पूछा कि मुक्ति का राज क्या है?

उसका यह कहना था, कि फकीर एकदम जैसे मर गया और नदी की धारा उसे बहाकर ले गई।

उस दार्शनिक ने कहा, यह भी बड़ी भूल हो गई। क्या मैंने ऐसी बुरी बात पूछी, कि इस आदमी के प्राण ही निकल गये? और यह फिर हाथ से निकल गया। और अब इसे कहां पाऊंगा? यह तो मर ही गया। वह वापिस लौट आया, जीवन-मरण के संबंध में बड़े विचार करता हुआ; बड़े सिद्धांत, शास्त्रों के उद्धरण भीतर दोहराता हुआ। समझाता हुआ कि आत्मा तो अमर है; दुख की कोई बात नहीं। और यह फकीर तो ज्ञानी था।

लेकिन कुंजी चूक गई। जब उसने कभी वर्षों बाद किसी दूसरे फकीर से पूछा कि मेरी कुछ समझ में नहीं आया कि वह आदमी इतना बड़ा ज्ञानी था, कम से कम उत्तर देकर तो मरता! इतना तो कर ही सकता था कि दो शब्द कह देता। लेकिन मैंने प्रश्न किया, उसने उत्तर भी न दिया और नदी की धारा उसे ले गई। हुआ क्या एकदम से? भला-चंगा था, ऐसा मेरा प्रश्न सुनते ही क्या हुआ?

उस फकीर ने कहा, 'नासमझ! वह बोला और तू सुन न पाया। उसने कहा और तू समझ न पाया। उसने सारी बात कह दी। यह तरकीब है, नदी की धार में मर जाओ और वह जाओ।

जब तक तुम जिंदा हो, तुम धार से लड़ते हो। तो विरोध करते हो, संघर्ष करते हो। क्योंकि संघर्ष में अहंकार निर्मित होता है। जीत-हार जहां-वहां अहंकार को मजा है। जब तुम मर जाते हो, नदी की धार बहा ले जाती है।

उस आदमी ने दो बातें कह दीं कि तुम मृतवत हो जाओ, और जीवन की धार को बहने दो; तुम बाधा मत दो। तुम पहुंच जाओगे उस महासागर में, जिसकी तलाश है।

'मरना' और 'बह जाना'—दो सूत्र हैं।

इस कहानी को सोचना मत; बस सुनना और गिरकर मर जाना। पिंजरे में बैठकर सोचकर दार्शनिक मत बनना, नहीं तो चूक जाओगे। इसे सोचना मत। यह कुंजी है; घुमाना, ताला खुल जाएगा।

भोजन करते वक्त ऐसे भोजन करना, जैसे तुम नहीं हो। चलते वक्त ऐसे चलना जैसे तुम नहीं हो। बोलते वक्त ऐसे बोलना कि बोलते न बोलते बराबर है। सिंहासन मिल जाए तो ऐसे बैठ जाना जैसे कि मजबूरी है, बैठ गये। सिंहासन खो जाए तो ऐसे उतर आना, जैसे अपनी कुर्सी से नीचे उतर आते हो, काम में लग जाते हो। 'नहीं हो'—नहींवत! उठना, बैठना, सब करना, लेकिन ऐसे हो जाना, जैसे शून्य हो। जल्दी ही पिंजरे का द्वार तुम खुला पाओगे।

तुम्हारी भीतरी शून्यता ही खुला द्वार है। और तब जहां भी तुम हो, वहीं आकाश है; वहीं मुक्ति है।

आज इतना ही।

मूल पुस्तक 'बिन बाती बिन तेल' का ग्यारहवां प्रवचन

दूसरा प्रवचन

पृथ्वी में जड़ें, आकाश में पंख

भगवान!
जीवन का गंतव्य क्या है,
इस संबंध में प्राचीन हिंदू मनीषी चार चीजें बताते हैं:
धर्म, अर्थ, काम और मोक्ष।
और आप कहते हैं, मैं तुम्हें एक साथ जीवन में जड़ें देना चाहता हूं
और जीवन के महाआकाश में उड़ने के पंख भी।
कृपाकर बताएं कि दोनों बातों में मेल क्या है और फर्क क्या है?
साथ ही यह भी बताने का कष्ट करें कि प्रज्ञा और तर्क;
अमृत और प्रकाश; आनंद और प्रेम; तथा मोक्ष और निर्वाण
एक ही लक्ष्य के अलग-अलग नाम हैं,
अथवा उनमें भेद भी है?

जो भी जानते हैं, उनके लिए इस संसार में और उस संसार में कोई भेद नहीं। जो नहीं जानते हैं, उनके लिए भी उस संसार में और इस संसार में कोई भेद नहीं; लेकिन दोनों के कारण अलग हैं। अज्ञानी को दिखाई पड़ता है यही संसार सब कुछ है; इसलिए दूसरे संसार का कोई सवाल नहीं। यह भोग, ये इच्छाएं, ये तृष्णाएं, ये आकांक्षाएं, बस यही जीवन है।

एपिक्युरस, बृहस्पति और चार्वाक परंपरा के लोग कहते हैं, चाहे घी उधार भी क्यों न लेना पड़े, लेकिन दिल भरकर घी पी लेना। चाहे भोग के लिए झूठ ही क्यों न बोलना पड़े, लेकिन भोग भोग लेना क्योंकि गया हुआ जीवन वापिस नहीं लौटता। उधार लेकर भोगा या अपने श्रम से भोगा, कोई अंतर नहीं है; क्योंकि मरने के बाद न लेनदार बचता है, न देनदार बचता है; सभी मिट जाते हैं। न कोई नीति है, न कोई अनीति। बृहस्पति और एपिक्युरस जैसे विचारक अज्ञानी इस संसार को ही सब कहते हैं; उसके समर्थन में हैं। वे संसारवादी हैं।

इससे बड़ी झंझट पैदा होती है, बड़ा उलझाव खड़ा होता है, क्योंकि परम ज्ञानियों ने कहा है कि वह संसार और यह संसार एक ही है। परम ज्ञानियों को भी कोई भेद नहीं दिखाई पड़ता क्योंकि परम ज्ञानियों को वह संसार जैसे ही दिखाई पड़ता है, यह संसार खो जाता है।

अज्ञान में भी एक बचता है—यह संसार।

और ज्ञान में भी एक बचता है—वह संसार।

लेकिन तुम्हारे लिए दो हैं क्योंकि न तुम अज्ञानी हो, और न तुम ज्ञानी। और यह बड़ी दुविधा की दशा है। तुम मध्य में हो। त्रिशंकु की तरह चित्त है तुम्हारा। तुम हो तो अज्ञानी, लेकिन समझते खुद को ज्ञानी हो। इसलिए दो संसार हैं। और इन दो संसारों से तुम्हारी सारी

तकलीफ पैदा होती है, क्योंकि कहां जाएं? यह संसार खींचता है, इसके विपरीत वह संसार खींचता है। और इसमें प्रवेश करें तो मन में अपराध लगता है कि दूसरे को भटक रहे हैं, चूक रहे हैं। उस तरफ जाएं तो यह संसार खोता हुआ मालूम पड़ता है। तुम्हारी अवस्था धोबी के गधे की तरह है, जो न घर का न घाट का। घाट भी खींचता है, घर भी खींचता है; दोनों विपरीत मालूम पड़ते हैं।

अगर तुम सच में ही अज्ञानी हो, जैसे कि पशु-पक्षी हैं, तो वह संसार नहीं है। पशु-पक्षियों में कोई चिंता नहीं। चिंता मानवी ईजाद है। वृक्षों में कोई चिंता नहीं है क्योंकि चिंता तो तब पैदा होती है जब विपरीत लक्ष्य मन में जगह बना ले। जब तुम दो तरफ खिंचे जाने लगो, तब तनाव पैदा होता है। जब तुम एक ही तरफ जा रहे हो, तब कोई तनाव पैदा नहीं होता। तनाव का अर्थ ही है कि तुम्हारे दो विपरीत गंतव्य हैं।

इसलिए जितना तनाव हो, उतना ही समझना कि तुम दो दिशाओं में एक साथ यात्रा कर रहे हो। दो नावों पर सवार हो, जो दो अलग तरफ जा रही हैं। एक इस किनारे की तरफ, एक उस किनारे की तरफ। तुम्हारी तकलीफ गहन है। और तुम एक नाव में सवार भी नहीं हो पाते क्योंकि तुम पशुओं की भांति अज्ञानी भी नहीं और तुम बुद्धों की भांति ज्ञानी भी नहीं।

अज्ञान भी अद्वैतवादी है और ज्ञान भी अद्वैतवादी है।

इसलिए समस्त पदार्थवादी कहते हैं, बस पदार्थ की ही सत्ता है, परमात्मा की नहीं। संसार ही सत्य है और सब असत्य। शरीर ही सब कुछ है, आत्मा कुछ भी नहीं! अद्वैतवादी हैं—एपिक्युरस, दिदरो, मार्क्स, एन्जल्स, लेनिन, स्टैलिन, माओ—सब अद्वैतवादी हैं; एक को ही मानते हैं।

और परम ज्ञानी भी कहता है कि ब्रह्म ही है, माया का कोई अस्तित्व नहीं। वही सत्य है, यह सब झूठ है। तुम आत्मा हो, शरीर आभास है। तो महावीर, बुद्ध, शंकर, रमण—वे सब भी अद्वैतवादी हैं।

तुम द्वैतवादी हो; यह तुम्हारा तनाव है। तुम्हारी मुसीबत यह है कि एक तरफ से पशु तुम्हें खींच रहा है और एक तरफ से बुद्ध तुम्हें खींच रहे हैं। तुम्हारी आंखें बुद्ध पर लगी हैं और तुम्हारे पैर पशुओं से जुड़े हैं। तुम सीढ़ी के मध्य में लटके हो। तुम्हारे पैर नीचे की तरफ जाना चाहते हैं, तुम्हारी आंखें ऊपर की तरफ जाना चाहती हैं। तुम्हारा जीवन बड़ा कष्ट का होगा।

यूनान में ऐसा हुआ, एक बहुत बड़ा ज्योतिषी एक रात तारों का अध्ययन करता हुआ, आकाश को देखता हुआ चल रहा था कि एक कुएं में गिर पड़ा। आंख आकाश पर लगी थी, कुएं का पता ही न चला। चिल्लाया, घबरा गया। रास्ता वीरान था। सिर्फ दूर किसी एक झोपड़े में एक बूढ़ी औरत थी; कोई किसान की मां। आवाज सुनकर आई। उसने झांककर नीचे देखा तो उस ज्योतिषी ने कहा, 'मां, मुझे निकाल। मैं एक महान ज्योतिषी हूं। शायद तुमने मेरा नाम सुना हो। एथेन्स में कौन है, जो मुझे न जानता हो? दूर-दिगंत तक मेरी ख्याति है।' अपना नाम उसने बताया और उसने कहा कि बड़े-बड़े सम्राट अपनी जन्मकुंडली दिखाने मेरे पास आते हैं। हजारों रुपया मेरी फीस है। तू मुझे बाहर निकाल दे, तेरी जन्मकुंडली मैं मुफ्त ही देख लूंगा। तेरा भविष्य मैं ऐसे ही बता दूंगा।

उस बूढ़ी स्त्री ने कहा, 'जिसको सामने का कुआं नहीं दिखाई पड़ता, उसको दूर के आकाश के तारे क्या समझ में आते होंगे। तू अपनी जन्मकुंडली और अपने ज्ञान को अपने पास रख। और जिसे यह भी नहीं दिखाई पड़ता कि वह कुएं में गिरने जा रहा है, वह दूर का भविष्य कैसे देख पाएगा?—दूसरे का, वह भी! तुझे बाहर निकाल देती हूं, लेकिन मुझे तेरे ज्योतिष से कुछ लेना-देना नहीं!'

हम सभी कुओं में गिर पड़ते हैं क्योंकि पैर कहीं जा रहे हैं, आंखें कहीं देख रही हैं। हम जगह-जगह टकराते हैं। हमारी पूरी जिंदगी एक संघर्ष के अतिरिक्त और कुछ भी मालूम नहीं पड़ती। चले नहीं कि टकराये; उठे नहीं कि गिरे; कदम उठाया नहीं कि भटके।

और कहीं भी जाएं, कष्ट मालूम पड़ता है। अगर संसार में जाएं तो पीछे ग्लानि लगती है कि चूक रहे हैं। इतनी देर में तो परमात्मा मिल जाता, मंदिर में जाकर प्रार्थना कर ली होती, ध्यान कर लिया होता। इस संसार में क्या रखा है? ज्ञानियों के शब्द याद आते हैं, जब तुम संसार में जाते हो।

जब तुम संभोग में उतरते हो, तब तुम्हें समाधि पकड़ती है; तब तुम्हें खयाल आता है कि कहां जीवन को खो रहा हूं! शक्ति नष्ट कर रहा हूं। परम अवसर मिला है, उससे राम मिल जाता; उसको काम में गंवा रहा हूं। राम तुम्हें याद आता है काम के क्षण में। उसकी वजह से काम भी सुखद नहीं रह जाता। पशुओं की कामवासना बड़ी सुखद और निर्दोष है। आदमी की कामवासना भी एक चिंता का भार है। वह भी दूसरी दृष्टि में धुआं ही धुआं है।

और जब तुम राम को भजने जाते हो मंदिर में, जब तुम आंख बंद करके पालथी लगाते हो, जब तुम बैठते हो सिद्धासन में—बस तुम बैठ भी नहीं पाये कि काम पकड़ लेता है। मन में दोहराते हो राम-राम-राम; वह ऊपर ही ऊपर चलता है, भीतर गहरे में काम ही काम दुहरता है। इधर राम की याद करते हो, कोई सुंदर स्त्री याद आती है, कोई सुंदर पुरुष याद आता है, सपने खड़े होते हैं। जब भी दुकान पर बैठते हो, तब दान की इच्छा आती है। जब भी दान देने जाते हो, तब तुम्हें दुकान का खयाल आता है। तुम कहीं भी पूरे नहीं जा पाते, क्योंकि तुम आधे-आधे बंटे हो।

लोग मेरे पास आते हैं, वे कहते हैं जब भी हम ध्यान करने बैठते हैं तो दूसरी बातें याद आती हैं। किस तरह इनको रोकें? तो मैं उनसे कहता हूं, जब तुम दूसरी बातें करते हो तब ध्यान याद आता है कि नहीं? वे कहते हैं, याद आता है। मैं उनसे पूछता हूं उसको रोकना है कि नहीं? वे कहते हैं, आप भी कैसी बातें कर रहे हैं! वह तो अच्छा लक्षण है।

जब तुम खाना खा रहे हो तब ध्यान याद आये, यह अच्छा लक्षण है? और जब तुम ध्यान कर रहे हो तब खाना याद आये, यह बुरा लक्षण है? यह कैसा गणित हुआ? और इस गणित को माननेवाला कभी भी उस अवस्था में नहीं पहुंचेगा, जब ध्यान करे और भोजन की याद न आये। जब तुम भोजन कर रहे हो, तब ध्यान की भी याद नहीं आनी चाहिए; तभी यह घटना घटेगी—जब तुम ध्यान करोगे, तब भोजन तुम्हें नहीं सतायेगा। जब तुम संभोग में हो तब समाधि का आकर्षण शून्य हो जाना चाहिए; तभी वह घड़ी आयेगी जब समाधि में तुम प्रवेश करोगे, संभोग तुम्हें नहीं खींचेगा। अन्यथा तुम सदा ही बंटे-बंटे रहोगे।

द्वैतवादी कभी भी अखंड नहीं हो सकता। इसलिए अखंड जिन्होंने होना चाहा उन्होंने

अद्वैत की बात कही। क्योंकि जब तक दो हैं, तब तक तुम दोनों को पाना चाहोगे। जब एक बचेगा, तभी तुम्हारी आकांक्षा दो की समाप्त होगी और यात्रा सुगम होगी। तब तुम्हारे जीवन से चिंता और भार विदा हो जाएगा।

मैं जो कहता हूं कि तुम्हें इस पृथ्वी में मैं जड़ें देना चाहता हूं और उस आकाश में तुम्हें पंख देना चाहता हूं, उसका कारण है। उसका कारण यह नहीं है कि पृथ्वी और आकाश अलग-अलग हैं। बताओ कहां पृथ्वी समाप्त होती है, और कहां आकाश शुरू होता है? खोदो गड्ढा पृथ्वी में; तुम जहां तक खोदोगे, वहीं तक पाओगे आकाश है। उतरो गहरे कुएं में, हटाओ मिट्टी को; जितना तुम हटाओगे, पाओगे, वहीं आकाश है। कहां शुरू होता है आकाश?

पृथ्वी भी सांस लेती है। पृथ्वी भी पोरस है; उसके अंग-अंग में आकाश समाया है। वैज्ञानिक से पूछो, वह कहता है कि अगर हम पृथ्वी से सारे आकाश को बाहर निकाल दें तो पृथ्वी एक नारंगी की तरफ छोटी रह जाएगी—सिर्फ एक नारंगी की तरह। इतना आकाश है, इतनी-सी पृथ्वी है। मैटर तो इतना-सा है, बाकी तो खाली शून्य है।

और अगर तुम्हारे भीतर से आकाश बाहर निकाल दिया जाए, तुम्हें पता है तुम्हारी क्या गति होगी? जब पृथ्वी ना ी के बराबर रह जाए, आकाश अलग कर लेने पर—और यह भी ठीक नहीं है क्योंकि आकाश अलग किया नहीं जा सकता, फिर भी बचेगा; हमारे साधन चुक जाएंगे। अगर और साधन हों तो पृथ्वी और छोटी हो जाएगी; और साधन हों...अगर हमारे पास पूरे साधन हों तो पृथ्वी खो जाएगी, आकाश ही रह जाएगा।

जब तुम मां के पेट में एक छोटे-से अणु थे तो तुम्हें पता है, क्या बात थी? उसमें और अब में तुममें क्या फर्क पड़ा था? थोड़ा ज्यादा आकाश तुममें प्रवेश कर गया है। तब तुम कन्डेन्स्ड थे।

वैज्ञानिक कहते हैं, इस सदी के पूरे होते-होते हम चीजों को आकाश से खाली करने की कला में कुशल हो जाएंगे। तो वे कहते हैं, इक्कीसवीं सदी में ऐसी घटना घट सकती है कि एक आदमी एक ट्रेन से उतरे और चिल्लाये कि दस-बारह कुलियों की जरूरत है। और उसके पास-पड़ोस के यात्री उससे कहें कि सामान तो तुम्हारा दिखाई नहीं पड़ता। सिर्फ एक सिगरेट की डिब्बी रखे हुए है, उस पर एक माचिस रखी है। किसके लिए दस-बारह कुली बुला रहे हो?

वह कहता है, थोड़ा रुको। वे दस-बारह कुली आते हैं और सिगरेट के डिब्बे को नहीं उठा पाते क्योंकि उसमें एक कार 'कन्डेन्स्ड' है। उसका, आकाश कार का बाहर निकाल लिया गया है। तो वह माचिस की डब्बी में, सिगरेट की डब्बी में समा जाती है। इतनी बड़ी कार को अमेरिका से भारत लाना फिजूल है, बहुत जगह घेरती है, वहां कार को कन्डेन्स्ड कर लेंगे। जैसे कन्डेन्स्ड मिल्क है, ऐसी कार कन्डेन्स्ड है। फिर उसको यहां लाकर फैक्टरी में फुला लेंगे। आकाश उसमें वापिस डाल देंगे तब वह फिर बड़ी हो जाएगी। तो बड़े-बड़े हवाई जहाज, रेल के इंजन माचिस के डिब्बी में आ सकेंगे।

जब पूरी पृथ्वी का आकाश खिंचकर नारंगी के बराबर हो जाता है, तुम्हारे भीतर का आकाश खिंच जाएगा, तुम क्या बचोगे? खाली आंख से देखे न जा सकोगे। मां के पेट में

तुम्हारा जो अणु था, उसको देखने के लिए यंत्र चाहिए, खुर्दबीन चाहिए। खाली आंख से तुम देखे नहीं जा सकते थे।

कहां पृथ्वी शुरू होती है, कहां आकाश समाप्त होता है? रोज नई पृथ्वियां बन रही हैं, कोरे आकाश से निकलती हैं। और रोज पृथ्वियां खो जाती हैं, कोरे आकाश में लीन हो जाती हैं।

हिंदू इसको कहते हैं कि जब प्रलय होता है तो सब आकाश हो जाता है। प्रलय का अर्थ है: सिर्फ आकाश रह जाता है, शून्य रह जाता है; सब पदार्थ खो जाते हैं। और जब पुनः सृष्टि होती है तो फिर पदार्थ प्रगट होता है। शून्य से आता है संसार, शून्य में ही जाता है।

विज्ञान की जितनी खोज आगे बढ़ती है उतना ही पता चलता है कि हिंदुओं की धारणाएं सच मालूम होती हैं, बाकी और धारणाएं बचकानी मालूम पड़ती हैं क्योंकि हिंदू कहते हैं जगत शून्य से आया; ना-कुछ से आया और फिर ना-कुछ में चला जाएगा। इसका मतलब यह हुआ कि ना-कुछ, सब कुछ का ही छिपा हुआ रूप है। इसलिए जब मैं कहता हूं शून्य, तो तुम यह मत समझ लेना कि ना-कुछ।

शून्य का अर्थ: छिपा हुआ पूर्ण; अप्रगट पूर्ण। पूर्ण का अर्थ: प्रगट हो गया शून्य।

जब मैं तुमसे नहीं बोल रहा था, आकर बैठा था इस कुर्सी पर क्षण भर को, तब शून्य था। फिर मैं बोला। कहां से आया यह शब्द? शून्य से बनी यह ध्वनि, शब्द; फैला, तुम तक पहुंचा। शब्द पदार्थ है इसलिए शब्द को रिकार्ड किया जा सकता है। उसकी चोट है। इसलिए शब्द सुना जा सकता है क्योंकि तुम्हारे कान पर धक्का मारता है। शून्य सुना नहीं जा सकता क्योंकि शून्य अपदार्थ है। जन्म के पहले तुम क्या थे? मरने के बाद तुम कहां होओगे? जन्म के पहले तुम अप्रगट थे। छिपा है छोटे-से बीज में पूरा वृक्ष।

एक वैज्ञानिक वनस्पतिशास्त्री प्रयोग कर रहा था। सभी का यही खयाल है कि जब वृक्ष बड़ा होता है तो वृक्ष में जो पदार्थ आ रहा है, वह पदार्थ मिट्टी, खाद, पानी, रोशनी इनसे आ रहा है। बड़ी अनूठी खोज है वनस्पतिशास्त्रियों की। वे कहते हैं, यह बात सब गलत सिद्ध हुई। एक वनस्पतिशास्त्री ने वर्षों तक प्रयोग किया एक पौधे पर। जब उसने पौधे के बीज को गमले में डाला तो गमले का वजन लिया। रत्ती-रत्ती वजन का हिसाब रखा। कोई भी खाद डाला तो वजन लिया। वृक्ष बड़ा हो गया तब वजन लिया तो बड़ा हैरान हुआ; क्योंकि जितना वजन उसने डाला था, उससे यह वजन तो कई गुना ज्यादा था।

तो उसने वृक्ष के पौधे को बिलकुल अलग कर लिया, निकाल लिया। रत्ती भर मिट्टी उसके साथ न जाने दी। और जब उसने तौला तो वह चकित हुआ। वह वजन उतना ही था, जितना होना चाहिए। जितनी मिट्टी, खाद डाली थी, जितना वजन था शुरू में बीज डालने के पहले, यह वजन गमले का उतना का उतना था। मिट्टी इसमें से रत्ती भर बाहर नहीं गयी। खाद गया नहीं कहीं; और यह वृक्ष इतना बड़ा है, जो कि गमले से तीन-चार गुना ज्यादा वजनी है। यह कहां से वृक्ष आया? इस वृक्ष में जो पदार्थ पैंदा हुआ, वह आकाश से आया।

सिर्फ हिंदुओं ने स्वीकार किया है पंच-तत्वों में आकाश को; कि तुम्हारे शरीर में चार तत्व तो हैं ही—जल है, पृथ्वी है, पानी है, अग्नि है; एक चौथा, चार के पार एक पांचवां भी पदार्थ है: आकाश।

चार्वाक चार को मानते हैं। वे कहते हैं, पंच पदार्थ से आदमी नहीं बना क्योंकि आकाश न तो दिखाई पड़ता है, न तौला जा सकता है, न नापा जा सकता है; आकाश तो बातचीत है। यह आकाश तो ईश्वर जैसा कोरा सिद्धांत है। आदमी चार से बना है—अग्नि, जल, मिट्टी, वायु; इनसे बना है। आकाश नहीं है। आकाश दिखाई नहीं पड़ता।

लेकिन वनस्पतिशास्त्री कहते हैं, ये पूरे इतने-इतने बड़े वृक्ष आकाश से आ रहे हैं। तुम भी जो बड़े हो रहे हो, मां के पेट में जो अणु विकसित हो रहा है, फिर तुम्हारा जन्म हो रहा है, फिर तुम बढ़ रहे हो। कुछ भी तुम्हारा वजन न था, बीज की तरह थे तुम मां के पेट में; और अब तुम सौ किलो के हो सकते हो। तुममें जो वजन आया है, यह तुम्हारे भोजन से आया है? बड़ी कठिन बात है; यह आकाश से आया है।

अब तक इस संबंध में वैसी खोज नहीं हो सकी, जैसी पौधे के संबंध में हुई है; लेकिन अमरीका का एक वैज्ञानिक कहता है कि यह भी आकाश से आया है क्योंकि आदमी भी पौधे से भिन्न नहीं हो सकता; यह भी शून्य से आया है। उस वैज्ञानिक का कहना है, इसलिए हम कभी न कभी वह तरकीब खोज लेंगे कि आदमी बिना भोजन के जी सके। वह कहता है, भोजन की जीने के लिए जरूरत नहीं है, भोजन सिर्फ एक पुरानी आदत है। इसलिए कुछ लोग बिना भोजन के ही जीये हैं। महावीर की कथा में अर्थ मालूम पड़ता है कि बारह साल में उन्होंने केवल तीन सौ पैंसठ दिन भोजन लिया, ग्यारह साल भूखे रहे।

यूरोप में बवेरिया में थेरेसा न्यूमन नाम की एक स्त्री इसी सदी में चालीस साल तक बिना भोजन के रही। दुबली-पतली औरत नहीं थी, वह वैसी ही रही वजनी जैसी वजनी थी। काफी हृष्ट-पुष्ट स्त्री थी। और भी एक चमत्कार उसके साथ घट रहा था, जिसको कि ईसाई स्टेगमेटा कहते हैं। स्टेगमेटा एक ईसाई घटना है; कीमती है। भक्त जब जीसस के साथ इतना एक हो जाता है, कि उसके सब फासले टूट जाते हैं तो शुक्रवार के दिन जब जीसस को सूली लगी तब उस भक्त के हाथों में, जहां जीसस को खीले चुभे गए थे, हृदय में जहां खीला चोभा गया था, पैरों में...सब तरफ छेद हो जाते हैं शुक्रवार के दिन; जैसे कि निश्चित खीले चुभाकर छेद किए गए हों! और उनसे सतत खून की धार बहने लगती है।

यह थेरेसा न्यूमन को चालीस साल तक निरंतर हुआ। न तो वह भोजन करती। चालीस साल तक निरंतर शुक्रवार को उसके हाथों-पैरों और हृदय से खून की धारा बहने लगती, घाव पैदा हो जाते। चौबीस घंटे के भीतर घाव भर जाते। खून बंद हो जाता। और उसके वजन में कभी फर्क न पड़ा।

पश्चिम के चिकित्सा-शास्त्रियों के लिए न्यूमन एक चमत्कार हो गई। बड़े अध्ययन किए गए उसके। उसकी सारी पेट की अस्थियां सिकुड़कर कांटे जैसी हो गई थीं क्योंकि उनसे कोई भी भोजन नहीं गुजर रहा था। उसका पेट बिलकुल सिकुड़ गया था। उसका उपयोग ही चालीस साल से नहीं हुआ था। लेकिन शरीर उसका कायम रहा। शरीर का वजन कायम रहा। और हर शुक्रवार को यह जो खून का रक्तपात हो रहा है, इससे भी उसके शरीर के वजन में कोई फर्क न पड़ा। उसके हजारों कपड़े इकट्ठे किए गए, जिन पर खून के धब्बे हैं; क्योंकि हर शुक्रवार को...।

क्या घटना घट रही थी?

हिंदू कहते हैं, तुम्हारा मौलिक आधार आकाश है। वैज्ञानिक जो खोज करते हैं, वे कहते हैं, फिर इस भोजन की क्या जरूरत है? अगर आदमी बिना भोजन के जी सकता है, अगर एक जी सकता है तो सब जी सकते हैं। अपवाद यहां कोई भी नहीं। वह जो एक है, उससे नियम सिद्ध होता है। एक अनूठी बात उनके खयाल में आयी है और वह यह कि भोजन से केवल तुम्हारे भीतर...।

जैसे कि पानी से बिजली पैदा की जाती है, तो पानी से बिजली पैदा करने के लिए डाइनेमो लगाने पड़ते हैं। पानी उन पर गिरता है। डाइनेमो का चक्कर घूमता है, उससे बिजली पैदा होती है। बिजली घूमते हुए चक्र से पैदा नहीं होती, बिजली तो पानी से पैदा होती है, लेकिन अगर चक्र न घूमे तो नहीं पैदा होती। बिजली तो पानी में छिपी है लेकिन उस चके की जरूरत है ताकि पानी गतिमान हो जाए।

कुछ वैज्ञानिकों का कहना है कि भोजन केवल तुम्हारे भीतर छिपे हुए जीवन-तत्व को गतिमान करता है। उससे कुछ तुम्हें मिलता नहीं। जैसे पानी गिरता है चके पर, न तो चके से बिजली निकलती है, न चका पानी को कुछ देता; लेकिन चका सिर्फ पानी की चोट से घूमता है। उस घूमने के कारण पानी में छिपी बिजली प्रगट होती है। तुम्हारे भीतर रोज गिरता हुआ भोजन तुम्हारे आकाश को कंपाता है, आकाश को गतिमान करता है। भोजन तो मल बनकर निकल जाता है, लेकिन तुम्हारा आकाश गतिमान हो जाता है; उससे जीवन पैदा होता है।

इस सिद्धांत के सत्य होने की करीब-करीब संभावना है क्योंकि यही संतों का अनुभव भी है। किसी दिन यह आसान होगा कि पृथ्वी पर आदमी बिना भोजन के रह सके। और अब अगर बिना भोजन का न रहा तो रह भी न सकेगा क्योंकि आदमी ज्यादा होते जाते हैं, और भोजन कम पड़ता जाता है।

आकाश तुम्हारा भोजन है। आकाश शून्य है लेकिन तुम्हारे भीतर जाकर अभिव्यक्त होता है, पदार्थ बनता है, प्रगट होता है। सृष्टि और प्रलय अंत में ही नहीं घटते, तुम्हारे जन्म के साथ सृष्टि शुरू होती है, तुम्हारी मृत्यु के साथ तुम्हारा प्रलय हो जाता है। कम से कम तुम शून्य और पूर्ण के बीच बहुत बार घूम चुके हो।

कहां शुरू होती है पृथ्वी? कहां शुरू होता है पदार्थ? कहां अंत होता है आकाश का? नहीं, वे दोनों मिले-जुले हैं। यह ऐसे ही है, जैसे एक पत्थर की चट्टान पानी में तैर रही हो; अलग दिखती है क्योंकि पानी अलग, चट्टान अलग। पानी से ऊपर उठी दिखती है; लेकिन कहां पत्थर की बरफ की चट्टान अलग होती है पानी से? कहीं भी अलग नहीं होती। प्रतिपल बरफ पिघल रहा है और नदी बन रहा है। और यह भी हो सकता है, प्रतिपल नदी जम रही है और बरफ बन रही है। वे दोनों एक ही अस्तित्व के दो छोर हैं। एक ठोस हो गया, एक तरल।

बस, ऐसी ही पृथ्वी और आकाश है। पृथ्वी ठोस हो गई, आकाश तरल है। पृथ्वी व्यक्त हो गई, आकाश अनभिव्यक्त! पृथ्वियां पिघल रही हैं क्योंकि पुरानी हो जाती हैं, जरा जीर्ण हो जाती हैं। उनको शून्य में वापिस जाना पड़ता है। जैसे तुम्हें मृत्यु में वापिस जाना पड़ता है फिर ताजा होने को, फिर बच्चे की तरह पैदा होने को, ऐसे पृथ्वियों को आकाश में जाना पड़ता है। फिर नई पृथ्वियां पैदा हो रही हैं।

तो जब मैं तुमसे कहता हूं, इस पृथ्वी में तुम्हें जड़ें और उस आकाश में तुम्हें पंख देना चाहता हूं, तो तुम यह मत सोचना कि मैं पृथ्वी और आकाश को अलग-अलग कर रहा हूं। सिर्फ तुम्हारे कारण द्वैत की भाषा का उपयोग कर रहा हूं क्योंकि तुम वही भाषा समझ सकते हो। अद्वैत की भाषा बेबूझ हो जाती है, पागलपन मालूम पड़ने लगती है, उलटबांसी हो जाती है; फिर समझ में नहीं आती।

और तुम्हें समझाने के लिए प्रयास कर रहा हूं। कुछ ऐसी बात कहूं, जो तुम्हारी समझ में ही न आए तो तुम्हारे मन के द्वार बंद ही हो जाते हैं। इसलिए तुम्हारी भाषा बोल रहा हूं। और तुम्हारी भाषा में उसको डालने की कोशिश कर रहा हूं, जो तुम्हारी भाषा में ढालना करीब-करीब असंभव है। सभी संत असंभव चेष्टा कर रहे हैं। वे कहना चाहते हैं, जो नहीं कहा जा सकता। उससे कहना चाहते हैं, जो सुनने की स्थिति में नहीं हैं। तुम द्वैत में जीते हो, तुम दो को समझते हो। तुमने एक में कोई जीवन जाना नहीं है। लेकिन वही असली जीवन है।

तो जब मैं कहता हूं 'इस' पृथ्वी और 'उस' आकाश में, तो मैं दो की बात नहीं कर रहा हूं, तुम्हारी वजह से दो शब्दों का उपयोग कर रहा हूं। मेरे लिए तो वह आकाश यही पृथ्वी है, और यही पृथ्वी वह आकाश है।

लेकिन स्मरण रखना, अज्ञान में भी अद्वैत होता है और ज्ञान में भी। मैं पशुओंवाला अद्वैत तुम्हारे लिए नहीं चाहता। उन्हें एक दिखाई पड़ता है क्योंकि वे अंधे हैं। अंधेरे में सब चीजें एक हो जाती हैं क्योंकि दिखाई नहीं पड़ता। देखने के लिए आंखे चाहिए और एक देखने के लिए बड़ी गहरी आंखें चाहिए, जो कि सभी भेदों और सीमाओं के पार देख सके।

तो एकता दो तरह की है; एक तो अंधेरे की एकता है। घर में बिजली बुझ गई, एकता सिद्ध हो गई। अंधेरा एक है। अब न टेबल कुर्सी से अलग है, न आदमी औरत से अलग है। अब कुछ अलग नहीं, सब इकट्ठा हो गया। अंधेरे में सब एक हो जाता है क्योंकि दिखाई नहीं पड़ता। आंख भेद पैदा करती है, क्योंकि दिखाई पड़ता है, तो सीमाएं दिखाई पड़ती हैं।

तो एक तो अंधे की एकता है; वह प्रकृतिवादी नास्तिक की एकता है। वह अज्ञानी की एकता है। और एक उस ज्ञानी की एकता है, जो इतना गहरा देखता है, जिसकी आंखें एक्सरे की तरह देखती हैं कि तुम उसके लिए ट्रान्सपेरेंट हो जाते हो, पारदर्शी हो जाते हो। वह तुम्हें ही नहीं देखता, तुम्हारे आर-पार देखता है। और तब सीमाएं फिर खो जाती हैं और असीम प्रगट हो जाता है।

मैं उस अद्वैत की बात कर रहा हूं, जो गहरी आंख से उपलब्ध होता है। उस अद्वैत की नहीं, जो अंधी आंख का अद्वैत है। इसलिए बहुत-से लोग मेरे शब्दों को सुनकर बहुत बार भ्रांति में पड़ जाते हैं। कोई सोचता है, शायद मैं नास्तिक हूं। कोई सोचता है, शायद मैं परमात्मा को नहीं मानता। आस्तिक आता है तो वह मेरे पास दिक्कत में पड़ता है क्योंकि उसको लगता है, इस संसार का विरोध मुझे करना चाहिए, तभी तो उस संसार का पक्ष होगा। वह दो की भाषा में सोचता है। वह सोचता है कि मैं नास्तिक हूं। नास्तिक मेरे पास आता है तो वह कहता है, उस संसार की बात ही क्यों करनी? यह संसार काफी है। दोनों मेरे पास से असंतुष्ट लौटते हैं। दोनों मेरे पास से नाराज लौटते हैं। नास्तिक सोचता है कि मैं छिपा हुआ आस्तिक हूं; आस्तिक सोचता है, मैं छिपा हुआ नास्तिक हूं। मैं दोनों नहीं हूं।

क्योंकि हां कहो तो तुमने अस्तित्व को तोड़ दिया। ना कहो तो तुमने अस्तित्व को तोड़ दिया। जहां हां और ना समानार्थी हो जाते हैं, वहां धर्म का जन्म है। जहां हां और ना एक हो जाते हैं, वहां धर्म का जन्म है।

मेरी अड़चन तुम्हें समझ में आ सकती है। इस संसार के मैं विरोध में नहीं हूं क्योंकि मैं जानता हूं, इसी में वह दूसरा संसार छिपा है। मैं तुम्हारे शरीर के विरोध में नहीं हूं क्योंकि मैं जानता हूं, इसी में वह अशरीरी वास कर रहा है। मैं तुम्हारे भोग के विरोध में नहीं हूं क्योंकि तुम इसी में अगर गहरे गए, होशपूर्वक गए तो तुम्हें पतंजलि का सारा योग वहां लिखा हुआ मिल जाएगा। मैं संभोग के विपरीत नहीं बोलता क्योंकि मैं जानता हूं, उसी में अगर तुम अपने को पूर्ण रूप से छोड़ सके और होश तुमने कायम रखा, बेहोश न हुए तो तुम्हें समाधि का पहला स्वाद उपलब्ध हो जाएगा।

समाधि की पहली सीढ़ी वहीं रखी जाएगी, जहां तुम हो। तुम जहां नहीं हो, वहां समाधि की सीढ़ी रखी रहे, उससे तुम कैसे यात्रा करोगे? कैसे चढ़ोगे? उसका क्या अर्थ है? तुम जहां हो, वहीं हमें परमात्मा की पहली सीढ़ी रखनी पड़ेगी, ताकि तुम वहां से यात्रा करो। तुम्हारे संसार में ही कहीं मंदिर को बनाना पड़ेगा, तुम्हारे घर में ही सीढ़ी टिकानी पड़ेगी। निश्चित दूसरा छोर आकाश में चला जाएगा। लेकिन पहला छोर तुम्हारे पास होना चाहिए। अगर पहला छोर भी तुमसे दूर है तो यात्रा कैसे शुरू होगी?

इस पृथ्वी से मेरा अर्थ है: तुम जहां हो। उस आकाश से मेरा अर्थ है: तुम्हें जहां होना चाहिए। इस पृथ्वी से मेरा अर्थ है: तुम जो आज दिखाई पड़ते हो। उस आकाश से मेरा अर्थ है: वह, जो तुम अपनी परम गरिमा में जब पहुंचोगे तो प्रगट होगा। इस पृथ्वी से अर्थ है: तुम्हारे बीज जैसे व्यक्तित्व का; उस आकाश से अर्थ है: तुम्हारे वृक्ष जैसे प्रगट हो गए परमात्मा का।

नीत्शे ने कहा है कि आदमी एक सीढ़ी है जो दो अनंतताओं के बीच टिकी है। तो ठीक कहा है कि आदमी एक पुल है, जो दो अनंतताओं के बीच में फैला हुआ है। उस पुल को बनाने की चेष्टा है। तुम एक किनारे खड़े हो, इस किनारे खड़े हो। और तुम्हारे धर्मगुरु कहते हैं, धर्म उस किनारे है। तुम क्या करो? उस किनारे तुम हो नहीं, इसलिए धर्म को तुम जीयोगे कैसे?

इसलिए लोग धर्म को टालते हैं, जब तक मौत न आ जाए। वे कहते हैं, बुढ़ापे में देखेंगे। जब वह किनारा पास आने लगेगा, तब सोचेंगे; अभी तो बहुत दूर है। धर्म को लोग सोचते हैं बिना मरे उपलब्ध ही न होगा। और जो जीवन में उपलब्ध न हो सके, वह तुम्हें मरकर कैसे उपलब्ध होगा? जो तुम्हें आज न मिल सके वह तुम्हें कल कैसे मिलेगा? क्योंकि कल के बीज आज बोए जा रहे हैं। और कल जो फसल तुम काटोगे, उसकी तैयारी आज करनी है। और आज अगर तुम बैठे रहे तो कल कोई फसल कटनेवाली नहीं। तुम इसी किनारे पर रहोगे।

तो एक तो तथाकथित धर्मगुरु हैं, वे कहते हैं, धर्म है उस किनारे पर। वे दिखाई तो पड़ते हैं कि धार्मिक हैं, लेकिन वे अधर्म के जन्मदाता हो जाते हैं। क्योंकि तुम उस किनारे पर नहीं हो। किनारा इतना दूर है कि दिखाई भी नहीं पड़ता। तब तुम क्या करो?

और दूसरे तथाकथित नास्तिक हैं, पदार्थवादी हैं, भौतिकवादी हैं, वे कहते हैं, यही किनारा है। जो दिखाई पड़ता है, वही सच है। और जब पुरोहित कहता है कि वह किनारा धर्म है, वहां परमात्मा है; और नास्तिक कहते हैं कि यह किनारा तो दिखाई पड़ता है, यहां तुम हो, इसे भोग लो; जो हाथ में है उसे छोड़ो मत—उसके लिए जो आशा और सपने में है। पता नहीं मिले या न मिले! फिर उस किनारे से कोई कभी लौटकर खबर भी नहीं देता कि वह किनारा है। कहीं ऐसी भ्रांति न करना कि यह किनारा भी छोड़ दो और वह किनारा भी न हो। तो तुम दोनों तरफ से गए!

तो तुम्हारे पुरोहित और तुम्हारे नास्तिक दोनों सांठ-गांठ में मालूम पड़ते हैं। दोनों की कान्स्प्रेसी है। तुम्हारा पुरोहित तुम्हे बताता है कि वह किनारा बहुत दूर है, अदृश्य है; वहां पहुंचना आसान नहीं। कभी कोई विरला पहुंच पाता है। और जीते जी तो वहां पहुंचता कोई नहीं।

मोहम्मद के जीवन में उल्लेख है कि वे जीते जी घोड़े पर सवार स्वर्ग में प्रवेश कर गए। यह कोई ऐतिहासिक घटना नहीं है। तुम अपने घोड़ों को कहां ले जाओगे उस स्वर्ग में? और घोड़े पर बैठे हुए कैसे पहुंच जाओगे? लेकिन यह प्रतीक बड़ा मीठा है और अर्थपूर्ण है। यह यह बता रहा है कि वह दूसरा किनारा इससे जुड़ा है। इस किनारे के घोड़े उस किनारे पर पहुंच जाते हैं। इस किनारे से छूटनेवाली नाव उस किनारे तक जाती है। और मोहम्मद सशरीर प्रवेश कर जाते हैं, इसका मतलब है कि यही पृथ्वी स्वर्ग में प्रवेश करती है; कटे हुए नहीं हैं, जुड़े हैं। यह पृथ्वी और वह आकाश एक हैं। यह बात है, मोहम्मद के स्वर्ग में घोड़े पर बैठे प्रवेश कर जाने की।

वही मैं तुमसे कह रहा हूं। तुम्हारी इस पृथ्वी को और उस आकाश को जोड़ देना है। तुम्हारी जड़ें इस पृथ्वी में होनी चाहिए, जहां तुम हो। विरोध दीखता है लेकिन विरोध नहीं है। तुम्हारी जड़ें जितनी गहरी इस पृथ्वी में जाएंगी, उतनी ही तुम्हारी शाखाएं उस आकाश में ऊपर उठने लगेंगी।

तुम जितने भीतर गहरे उतरोगे उतने ही बाहर फैलते जाओगे। अगर तुम पाताल छू लोगे अपनी जड़ों से, तो तुम अपने फूलों से आकाश छू लोगे; और दोनों जुड़े हैं। वृक्ष से पूछो कि तेरा फूल और तेरी जड़ें दो हैं? तो वृक्ष कहेगा कि मेरा फूल मेरी जड़ों के कारण है। जड़ें मेरे फूल का ही दूसरा हिस्सा हैं। कितनी ही कुरूप और एढ़ी-टेढ़ी मालूम पड़ती हों, फूल का सारा सौंदर्य उन्हीं से आया है, रस उन्होंने ही खींचा है।

तुम फूल को देखकर खुश लौट आते हो। जड़ों को तुमने कभी धन्यवाद नहीं दिया। तुम्हारी नासमझी का कोई अंत नहीं है। यह फूल कभी होते ना। ये सतरंगे फूल खिलते हैं आकाश में, क्योंकि जड़ें निरंतर पाताल में काम कर रही हैं। और इनमें जो सौंदर्य दिखाई पड़ता है, वह उनकी कुरूपता पर निर्भर है। क्योंकि जड़ें सुंदर नहीं हो सकतीं। उनको आड़ा-तिरछा होना पड़ेगा। उनको रास्ते बनाने पड़ेंगे, पत्थरों को तोड़ना पड़ेगा। जमीन को पकड़ना पड़ेगा। उनका इरछा-तिरछापन जमीन को पकड़ने के काम आता है। उनको अंधेरे में छिपा रहना पड़ेगा क्योंकि अगर वे प्रगट हो जाएं तो वृक्ष मर जाएगा। उनको आकाश में छिपा रहना पड़ेगा। वे सामने नहीं आ सकतीं।

अगर तुम फूलों से पूछो तो वे निरंतर धन्यवाद दे रहे हैं जड़ों को। अगर तुम जड़ों से पूछो तो वे निरंतर फूलों को धन्यवाद दे रही हैं। जड़ें जीयी ही इसलिए हैं कि फूल खिल जाएं। उनका सौभाग्य खिला है। उनके जीवन भर का श्रम खिला है। उनके जीवन की गरिमा प्रगट हुई है। सार्थक हो गईं वे।

जिस दिन फूल खिलते हैं, उस दिन जड़ों के आनंद का ठिकाना नहीं क्योंकि सारा श्रम सार्थक हुआ है। हो सकता है पचास साल श्रम किया हो, तब फूल आये हैं। अंधेरे में, पत्थरों में, जमीन में, जल की तलाश की है, तब फूल आए हैं। सब तरह का संघर्ष किया है, तब फूल आए हैं। तो फूल उनकी चरम सार्थकता है, उनकी सिद्धि है। और फूल जड़ों के बिना जी नहीं सकते; वे एक दूसरे से जुड़े हैं। वह आकाश और यह पृथ्वी जुड़ी है।

तो मैं तुमसे कहता हूं इसमें तुम अपनी जड़ें फैलाओ। और डरो मत। अगर तुम भयभीत हुए जड़ें फैलाने में, तो तुम्हारी शाखाएं सिकुड़ जाएंगी। अगर तुम बहुत ज्यादा डर गए और तुमने जड़ें फैलाईं ही नहीं, कि यहां तो अंधेरा ही है, यह तो पृथ्वी है, यह तो पदार्थ है, यह तो भोग है, यह तो संसार है। अगर तुम भयभीत हो गए, तो तुम सिकुड़ जाओगे। तुम्हारी जड़ें सिकुड़ी, तुम्हारा आकाश छोटा हो गया। अब तुम फैल न सकोगे।

तुम जाओ, अपने तथाकथित तपस्वियों को देखो। वहां तुम ऐसे ही व्यक्ति पाओगे जिनकी जड़ें सिकुड़ गई हैं और जिनका आकाश भी छोटा हो गया है। और वे चौबीस घंटे डरे हुए हैं कि जड़ें फैल न जाएं क्योंकि यह संसार है। इस भय में इस बुरी तरह लगे हैं, फैलने का मौका ही नहीं मिलता।

मनोवैज्ञानिक कहते हैं कि केवल वे ही लोग इस जगत में सृजनात्मक और क्रिएटिव होते हैं—बड़े वैज्ञानिक, बड़े कवि, बड़े चित्रकार, बड़े विचारक; वे ही लोग इस जगत में नये को खोजते हैं; दुस्साहस करते हैं, नये का निर्माण करते हैं, जो लोग इस जगत के भीतर गहरे होते हैं।

उसमें मैं यह भी जोड़ देना चाहता हूं—मनोवैज्ञानिक इसे नहीं जोड़ते क्योंकि यह उनकी समझ के बाहर है—कि बड़े बुद्ध, बड़े महावीर, बड़े कृष्ण, बड़े क्राइस्ट जो कि चेतना के स्रष्टा हैं, जिनकी पेंटिंग किसी बाहर के कैनवास पर नहीं है और जिनका गीत शब्दों में नहीं गाया गया है, और जिन्होंने मूर्ति निर्मित नहीं की बल्कि खुद को ही निर्मित किया है; जो मूर्तिकार हैं स्वयं के, जिन्होंने स्वयं को सृजन किया है, जो खुद एक गीत बन गए हैं, जिनकी पूरी चेतना एक सुंदर प्रतिमा बन गई है, ये भी तभी पैदा होते हैं, जब जड़ें पृथ्वी में गहरी होती हैं।

इस पृथ्वी पर किसी वृक्ष के होने का उपाय नहीं है, जो जड़ों से डर जाए। तुम्हारे तथाकथित साधु-संन्यासी जड़ों से भयभीत हैं। उनके भय के कारण वे सृजनात्मक नहीं हो पाते। भय ही उनकी शक्ति को पी जाता है। लड़-लड़कर ही वे मर जाते हैं और कहीं पहुंच नहीं पाते हैं।

तुम्हें मैं निर्भय करना चाहता हूं। यह पृथ्वी परमात्मा के विपरीत नहीं है; अन्यथा यह पैदा नहीं हो सकती थी। यह जीवन उसीसे बहा है; अन्यथा यह आता कहां से? और यह जीवन वापिस उसी में जा रहा है; अन्यथा जाने की कोई जगह नहीं है। इसलिए तुम द्वंद्व खड़ा

मत करना; तुम फैलना। तुम संसार में ही जड़ें डालना, तुम आकाश में भी पंख फैलाना। तुम दोनों का विरोध तोड़ देना। तुम दोनों के बीच सेतु बन जाना। तुम एक सीढ़ी बनना, जो जमीन पर टिकी है—मजबूत जमीन पर; और जो उस खुले आकाश में मुक्त है, जहां टिकने की कोई जगह नहीं है। ध्यान रखना, आकाश में सीढ़ी को कहां टिकाओगे? टिकानी हो तो पृथ्वी पर ही टिकानी होगी। दूसरी तरफ तो अछोर आकाश है; वहां टिकाने की भी जगह नहीं है। वहां तो तुम बढ़ते जाओगे। धीरे-धीरे सीढ़ी भी खो जाएगी, तुम भी खो जाओगे।

जड़ बहुत मजबूत है, पार्थिव है। पत्ते उतने मजबूत नहीं हैं। जरा-सी धूप, और कुम्हला जाते हैं। जरा-सा ज्यादा पानी, और सड़ने लगते हैं। उतने मजबूत नहीं हैं। फूल और भी सूक्ष्म हैं, और भी नाजुक हैं। पत्ता टिक जाए, उतनी धूप में भी नहीं टिक पाते। पत्ता टिक जाए, उतने भी पानी में नहीं टिक पाते। बड़ा नाजुक जोड़ है।

लेकिन फूल के बाद फिर सुगंध है, उसको तुम पकड़ भी नहीं पाते कि वह कहां है—आई, गई! सुगंध का रूप भी पता नहीं चलता; अरूप है। इसलिए मंदिरों में हमने धूप जलाई, दीप बाले। वह धूप सुगंध के लिए है ताकि तुम समझो कि परमात्मा सुगंध की तरह है। वह इस पृथ्वी की आखिरी...आखिरी निचोड़, नाजुकता है। वह आखिरी सूक्ष्मता है, जहां सब पदार्थ खो जाता है, बस, गंध रह जाती है। वह गंध आई और गई! और पता भी नहीं चलता। पहचानने में भी नहीं आती। थोड़ी देर में विराट आकाश में खो जाती है। खोता तो कुछ भी नहीं है। वह गंध कहीं तो रहती ही होगी। अरूप हो जाती है। अरूप के प्रतीक की तरह हमने धूप मंदिरों में जलायी है, मुसलमानों ने लोबहान जलाया है—वह अरूप। फूल में भी रूप है, फूल का भी निचोड़ है।

इसलिए इस्लाम ने इत्र को बड़ा महत्व दिया है। मुसलमान अपने उत्सव के दिन इत्र लगाकर निकलता है। उसको शायद पता भी न हो क्यों इत्र लगाकर निकलता है! वह सार है, संचय है। जड़ें बड़ी स्थूल हैं; इत्र बिलकुल सार-संचित है, आखिरी निचोड़ है।

जड़ों से और इत्र तक तुम्हारी यात्रा है। पर ध्यान रखना, इत्र खो जाएगा अगर जड़ें न हों। और अगर अकेली जड़ें हों तो उनका क्या अर्थ है? नास्तिक जोर देता है अकेली जड़ों पर; तथाकथित आस्तिक जोर देता है सिर्फ इत्र पर।

मेरा जोर दोनों पर है क्योंकि मुझे वह दोनों दो नहीं मालूम पड़ते। वह एक का ही फैलाव है। जड़ों के बिना इत्र नहीं, इत्र के बिना जड़ें निरर्थक हैं। उनके जीवन में कोई अर्थ नहीं, उनके होने का कोई सार ही नहीं। जड़ें फैलाओ, ताकि कभी तुम इत्र बन सको।

और बाजार से खरीदे गए इत्रों से काम न चलेगा। मंदिरों में जलाई गई धूप काफी नहीं है। तुम्हें धूप बनना पड़ेगा, तुम्हें सुगंध बनना पड़ेगा। जिस दिन तुम्हारे जीवन की सुगंध फैलेगी, उस दिन दूसरी सीढ़ी का छोर पास आने लगा; उसमें तुम खो जाओगे, उसमें तुम लीन हो जाओगे।

धूप को जलते देखा है? धुआं उठता है, थोड़ा-सा दिखाई पड़ता है, फिर खो जाता है। ऐसे ही तुम भी पदार्थ से परमात्मा की तरफ खोते रहोगे।

विरोध खड़ा मत करना। जिसने द्वंद्व खड़ा किया, वह चूक गया। जो निर्द्वंद्व जीया, वह पहुंच गया।

हिंदुओं को यह पता था, इसलिए हिंदुओं ने अपनी जीवन-व्यवस्था चार पुरुषार्थों में बांटी: धर्म, अर्थ, मोक्ष, काम। उसे हमें थोड़ा समझ लेना चाहिए। काम स्थूलतम, मोक्ष सूक्ष्मतम। काम है जड़, मोक्ष है सुगंध। काम है जड़, मोक्ष है अंतिम सूक्ष्मतम सुगंध। इसलिए काम दिखाई पड़ता है और राम दिखाई नहीं पड़ता। इसलिए संभोग समझ में आ जाता है, समाधि समझ में नहीं आती। लेकिन जड़ संभोग है, समाधि फूल है।

हिंदू कहते हैं, तुम काम को भी साधना क्योंकि वह परमात्मा की पहली सीढ़ी है। हिंदू कहते हैं, तुम काम में भी उतरना उसका ही अनुग्रह मानकर। उसने जो भी दिया है वह सार्थक है, उसे तुम उपयोग करना। उसे राह की बाधा मत समझना, सीढ़ी बना लेना। एक पत्थर पड़ा है, तुम लौट भी जा सकते हो कि रास्ते पर पत्थर पड़ा है, आगे कैसे बढ़ें? जो समझदार है, वह पत्थर पर चढ़कर देखेगा कि पत्थर पर चढ़कर नया रास्ता शुरू होता है, जो पहले से ऊंचा है, जिसका तल बदल गया।

काम से कुछ लोग लौट जाते हैं। वहीं टकराते हैं, लौट जाते हैं; रास्ता बंद हो जाता है। जो काम के आगे खोज करेंगे, वे एक दिन मोक्ष तक पहुंच जाते हैं। काम है जड़—प्रथम: यह संसार, यह पृथ्वी। इसलिए काम बड़ा पार्थिव है; एकदम पार्थिव है, शारीरिक है।

फिर बचते हैं दो—अर्थ और धर्म। जड़ों को बचाना हो, अकेली जड़ें नहीं बच सकतीं। पानी चाहिए, खाद चाहिए, सूरज की गर्मी चाहिए, सुरक्षा चाहिए। अर्थ: इकनोमिक्स। जीवन की इकनोमिक्स है। भोजन चाहिए, वस्त्र चाहिए, मकान चाहिए तो ही काम जी सकता है, नहीं तो काम की जड़ें सूख जाएंगी। धन के बिना काम नहीं जी सकता। इसलिए धन का इतना महत्वपूर्ण रस लोगों के मन में है।

लोग चिल्लाते हैं, क्यों धन के पीछे पागल हो? कोई धन के पीछे पागल नहीं है। लेकिन धन के बिना काम की जड़ें सूख जाएंगी। लेकिन कभी-कभी ऐसा पागलपन सवार होता है कि तुम लक्ष्य भूल ही जाते हो और साधन में उलझ जाते हो। धन की तलाश इसीलिए चलती है कि किसी दिन मैं काम को निश्चिंतता से भोग सकूं। लेकिन फिर तुम धन इकट्ठे करने में आबसेस्ड हो जाते हो। तुम भूल ही जाते हो कि किसलिये धन इकट्ठा कर रहे हो! तुम एक दिन धन भी इकट्ठा कर लोगे तब तुम परेशान होओगे कि धन इकट्ठा करने में तो जीवन ही समाप्त हो गया।

भोजन, वस्त्र, शृंगार, सौंदर्य, स्वास्थ्य सब जड़ों को संभालते हैं। इसलिए आप चाहें तो सस्ता छुटकारा पा सकते हैं काम से, अगर भोजन न करें। इसलिए अनेक लोग उपवास में लग जाते हैं। उनका उपवास फिजूल है, वे जड़ों को काट रहे हैं। उपवास का कुल इतना प्रयोजन है कि न होगा भोजन, न जड़ों को पानी मिलेगा। जड़ें सूख जाएंगी। लेकिन जिस दिन जड़ें सूख जाएंगी, उस दिन मोक्ष के फूल कहां खिलेंगे? जड़ें तो सूख जा सकती हैं। भोजन मत करो, कामवासना खो जाती है तीन सप्ताह के भीतर। तीन सप्ताह भोजन न किया कि जड़ें सूख गईं। कोई रस न मालूम पड़ेगा।

पश्चिम में बहुत प्रयोग किए गए हैं। एक विद्यार्थियों के दल पर मनोवैज्ञानिक प्रयोग कर रहे थे; उन्हें भूखा रखा। युवक थे सब, स्वस्थ थे, लड़कियों में रस था, फिल्म देखते थे, नग्न तस्वीरों में आनंद लेते थे। एक सप्ताह के बाद रस खोने लगा। रेडियो पर कितना ही

कामुक संगीत चल रहा हो, वे बंद कर देते। उससे सिर्फ कानों में उपद्रव मालूम पड़ता। कितनी ही चमकदार पत्रिकाएं नग्न स्त्रियों के चित्र लिए पड़ी हों, 'प्ले बॉय' पड़ा हो, उसको उलटकर भी न देखते कि भीतर क्या है। इक्कीस दिन पूरे होते-होते सब रस खत्म हो गया। नग्न स्त्री उनके पास से गुजर जाए तो आंखें न उठाते। सुंदरतम स्त्री को, 'मिस युनिव्हर्स' को खड़ा कर दो, तो भी वे अपनी आंखें बंद किए सुस्त बैठे हैं।

क्या हुआ? यह कोई ऋषि-मुनि हो गए, सिर्फ इक्कीस दिन भूखे रहने से? तुम्हारे बहुत ऋषि-मुनि इसी दशा में हैं। फिर उनको भोजन देना शुरू किया। जैसे-जैसे शरीर में भोजन गया, वैसे-वैसे कामवासना में रस वापिस लौटा। दो दिन के भोजन के बाद फिर रेडियो में रस है, 'प्ले बॉय' उलटने लगे, लड़कियों की बातचीत शुरू हो गई, मजाक चल पड़ा, कहानियां एक-दूसरे को बताने लगे। सात दिन के भोजन के बाद वे वापिस स्वस्थ हैं। जड़ों में फिर पानी आ गया।

इन लड़कों को ऋषि-मुनि रखा जा सकता है। इनको थोड़ा-थोड़ा भोजन दिया जाए जीवन भर, लेकिन इतना न दिया जाए जिससे कि जड़ों में कभी भी अंकुर आ सकें; बस, किसी तरह जी लें; जीवन में इतनी ऊर्जा न हो कि बाहर बहने लगे, तो ये तुम्हें ब्रह्मचारी मालूम पड़ेंगे। लेकिन यह ब्रह्मचर्य झूठा है। यह ब्रह्मचर्य भूख के कारण है। यह ब्रह्मचर्य कोई उपलब्धि नहीं है, अभाव है।

हिंदू कहते हैं, अर्थ को भी साधना; नहीं तो जड़ें सूख जाएंगी। और जड़ें सूख गईं तो फूल कभी न आयेंगे। और फूल लाने हैं।

तो अर्थ साधन है काम का।

जैसे अर्थ साधन है काम का, ऐसे धर्म साधन है मोक्ष का। अर्थ से संभालना वृक्ष को, लेकिन वृक्ष की सार्थकता तो उसके फूल आने में है। इसलिए अर्थ काफी नहीं है, धर्म का सहारा भी चाहिए। इसलिए अर्थ को भी संभालना है। दुकान को संभालना और मंदिर को भूल मत जाना। दुकान का इस भांति उपयोग करना कि वह मंदिर की तरफ उन्मुख होने लगे। धन का सिर्फ इतना ही उपयोग मत करना कि जड़ें संभलें। धन का ऐसा उपयोग करना कि वह दान बनने लगे ताकि फूल भी संभलें। अगर धन सिर्फ भोग हो तो पानी जड़ों की तरफ तो बह रहा है, लेकिन फूलों की तरफ भी बहना चाहिए।

पानी की यात्रा दोहरी होनी चाहिए—नीचे की तरफ, ऊपर की तरफ। और ऊपर की तरफ की यात्रा कठिन है क्योंकि वह 'ग्रेविटेशन' के विपरीत है। इसलिए जड़ों में पानी पहुंचाना बहुत आसान है। तुम्हें अंदाज नहीं कि फूल, वृक्ष कितना चमत्कार कर रहे हैं! सारे वैज्ञानिक सिद्धांतों को तोड़कर पानी ऊपर की तरफ जा रहा है। जाना चाहिए हर चीज नीचे की तरफ। नदियां यह चमत्कार नहीं कर सकतीं कि नीचे की तरफ बह रही हैं, लेकिन वृक्षों ने एक चमत्कार किया है, कि नदियां ऊपर की तरफ बह रही हैं। बड़ी गहरी कीमिया है वृक्ष की, वह कैसे पानी को ऊपर की तरफ चढ़ा रहा है! क्योंकि ऊपर की तरफ नहीं चढ़ेगा पानी, ऊर्ध्वगामी नहीं होगी जीवन-चेतना, तो फूल कैसे खिलेंगे? क्योंकि फूल तो ऊपर खिलने हैं।

क्या तरकीब है वृक्ष की? कैसे वह पानी को ऊपर चढ़ा रहा है? सांझ को जब सूरज ढल जाए तब तुम वृक्ष के पास बैठकर देखना तो तुम पाओगे कि वृक्ष के पत्ते-पत्ते से भाप

उठ रही है। दिनभर की गरमी को वृक्ष पी गया है, ताप को पी गया है। और उस ताप के माध्यम से हर वृक्ष का पत्ता भाप बना रहा है। वह भाप आकाश में उड़ रही है, यह उसका दान है। इसने पानी लिया ही नहीं, वह दे रहा है। ये तुम्हारे जो बादल आकाश में उठ रहे हैं, यह वृक्षों का दान है। उसने पानी चूसा ही नहीं है, त्यागा है। और जैसे ही वृक्ष का पत्ता पानी का त्याग करता है, भाप बन जाता है, वैसे ही वृक्ष का पत्ता सूखा हो जाता है। सूखते ही उसके नीचे जो पानी है शाखा में, वह सूखे होने के कारण सूखे की तरफ बहता है। तुम कोई सूखी चीज पानी में रखो, तत्क्षण पानी उसमें भर जाएगा।

जिसने दिया है, उसे मिलेगा।

जिसने छोड़ा है, वह पाएगा।

'तेन त्यक्तेन भुंजीथाः—जिन्होंने त्याग किया, उन्होंने भोगा।

इस पत्ते ने छोड़ दिया है, इसने पकड़ा नहीं। यह कंजूस होता तो मरता। कंजूस धन पर रुक जाता है। जड़ें उसकी काफी होती हैं। जड़ों को संभालनें का इंतजाम काफी होता है, लेकिन ऊर्ध्वगमन नहीं होता। इसलिए धन दान बने। तुम्हारे जीवन के कृत्य सेवा बनें। तुम कुछ पकड़ो ही मत, छोड़ो भी; ताकि हाथ खाली हों। यह वृक्ष का पत्ता खाली होते ही नीचे का पानी दौड़ता है। इस तरकीब से पानी ऊपर चढ़ रहा है। शाखा का पानी पत्ते में चला जाता है तो शाखा सूख जाती है; तो शाखा नीचे से जड़ से खींचना शुरू कर देती है। जहां खाली जगह होती है, पानी उसको भरने जाता है।

इस अस्तित्व में खाली जगह पसंद नहीं है। तुम खाली होना, परमात्मा तुम्हें भरेगा। तुमने अपने को पकड़ा, कि परमात्मा की तरफ से भरना बंद हो जाएगा। किसी वृक्ष को राजी कर लो कंजूस होने के लिये, वह मर जाएगा। तरकीब है, तुम ऐसा करो कि पत्तों को पेंट कर दो ताकि उनसे पानी ऊपर न उड़ सके। दो-चार दिन में तुम पाओगे, वृक्ष मर गया।

देना पड़ेगा। लेने का राज देने में छिपा है।

इसलिए धर्म। धर्म का नीचे से अर्थ है: दान, त्याग, छोड़ने की क्षमता, सेवा। और वह सूत्र है, वह साधन है। जल्दी ही वृक्ष पर फूल आएंगे क्योंकि पानी ऊपर की तरफ बहने लगा। और जब पानी ऊपर की तरफ बहता है तो आखिरी फल लगने शुरू होते हैं। फूल लगेंगे, फल लगेंगे। वृक्ष गरिमा को उपलब्ध हुआ। सार्थकता मिली; अंत आ गया, सिद्धि हुई।

हिंदू कहते हैं, काम है जड़; अर्थ है व्यवस्था; धर्म है साधन आखिरी साध्य का; और मोक्ष है फूल। इसलिए हिंदुओं ने कहा कि तुम बीच से मत भाग जाना। हिंदुओं ने चार जीवन के पुरुषार्थ कहे। ये चारों तुम पूरे करना। यह तुम्हारे पुरुष होने का अर्थ इनमें छिपा है। और बीच से मत भागना क्योंकि बीच से तुम भागे कि तुम अधूरे वृक्ष रह जाओगे। इसलिए हिंदुओं ने बीच से संन्यास की आज्ञा नहीं दी। उन्होंने कहा, पहले पच्चीस वर्ष ब्रह्मचर्य।

यह बड़े मजे की बात है। इसको कभी कोई सोचता नहीं। तथाकथित हिंदू पंडित इस पर विचार ही नहीं करते कि यह क्या अर्थ हुआ? पच्चीस वर्ष ब्रह्मचर्य। ब्रह्मचर्य ब्रह्मचर्य के लिए नहीं, ऊर्जा संग्रह! ताकि तुम क ‌नवासना में परिपूर्ण तृप्त हो सको। जो ब्रह्मचर्य से रहा है प्राथमिक चरण में, वही संभोग की गहराई पा सकेगा। जिसने ऊर्जा कच्ची लुटा दी है, वह संभोग की गहराई नहीं पा सकेगा।

हिंदू अनूठे हैं। उनकी पकड़ गहरी होनी स्वाभाविक भी है। इस जमीन पर वह सबसे पुरानी जाति है। उन्होंने बड़े अनुभव लिए हैं। उन अनुभवों के आधार पर उन्होंने काफी खोज की है और कुछ सूत्र निकाल लिए हैं।

पच्चीस वर्ष...अगर सौ साल हम आदमी की जिंदगी मान लें, तो पच्चीस वर्ष पहला चरण है। वह जो पहला पुरुषार्थ है काम, उसके मुकाबले जीवन का पहला आश्रम ब्रह्मचर्य है। इसलिए चार पुरुषार्थ, और चार आश्रम हैं, और चार वर्ण हैं। हिंदुओं का गणित साफ है।

पहला काम—जड़ों का जगत है। वहां ब्रह्मचर्य को संभालना। वहां चित्त में कोई कामवासना न उठे ताकि तुम एक लबालब ऊर्जा हो जाओ। तुम एक आपूर ऊर्जा हो जाओ। तुम बहो तो बहने में कुछ रस हो। और नहीं तो तुम ऐसे टपकोगे, जैसा गर्मी के दिनों में नल का पानी टपकता है—बूंद...बूंद। उससे कोई सरिता नहीं बनेगी, जो सागर तक जाने वाली है।

आज की दुनिया में करीब-करीब ऐसा होता है। क्योंकि जिसने ब्रह्मचर्य नहीं देखा वह संभोग का रस भी नहीं देख पाता; खिन्न ही रह जाता है; बूंद-बूंद टपकता है। प्रवाह चाहिए अनुभव के लिए—अतिरेक चाहिए। इस जगत में सभी अनुभव अतिरेक से होते हैं। इतनी प्राण-ऊर्जा चाहिए कि तुम एक छलांग ले सको, और एक दूसरे जगत में प्रवेश कर सको।

पच्चीस वर्ष तक काम के मुकाबले हिंदू कहते हैं ब्रह्मचर्य।

पच्चीस वर्ष अर्थ के मुकाबले हिंदू कहते हैं गृहस्थ। तब तुम धन की फिक्र करना। चलाना दुकान, लड़ना राजनीति में। जूझना, डरना मत। कमाना, भय मत खाना।

तीसरे पच्चीस वर्ष हिंदू कहते हैं, वानप्रस्थ—धर्म के सामने। तब तुम धर्म की साधना में लग जाना। धन तुमने पा लिया, काम तुमने जान लिया, अब तुम्हारे ऊपर के वृक्ष की यात्रा शुरू होगी। जीवन का वर्तुल पचास वर्ष पर मुड़ता है। क्योंकि अगर सौ वर्ष जीवन की आखिरी सीमा मान लें तो पचास वर्ष—आधा जगत पूरा हुआ। दो पुरुषार्थ पूरे हुए, दो बचे। अब एक नयी यात्रा शुरू हुई। तुम वानप्रस्थ हो जाना। तुम संन्यस्त का भाव ले लेना।

और अंतिम पच्चीस वर्ष मोक्ष के, संन्यास के।

अर्थ के साथ गृहस्थी। काम के साथ ब्रह्मचर्य। धर्म के साथ वानप्रस्थ। मोक्ष के साथ संन्यास। अंतिम फूल संन्यास के।

और इन चारों के साथ उन्होंने चार वर्ण की व्यवस्था दी, कि जो पहले पर रुक जाए, वह शूद्र। इसे तुम समझ लो मेरी व्याख्या को। जो काम पर रुक जाए, वह शूद्र। इसलिए हिंदू कहते हैं, पैदा तो सभी शूद्र होते हैं क्योंकि काम से ही पैदा होते हैं। जो दूसरे पर रुक जाए, वह वणिक, वैश्य—बस धन पर ही रुक जाए; दुकान ही सब कुछ हो जाए। जो तीसरे पर रुक जाए, वह क्षत्रिय। धन क्षत्रिय का रस नहीं है, यश...! और वानप्रस्थ को जितना यश मिलता है, उतना किसी को भी नहीं। लड़ाका है; जिंदगी में लड़ भी लिया, लड़ाई के पार भी उठ गया क्योंकि पा लिया यश। लेकिन यश की आकांक्षा बनी रहती है, अहंकार बना रहता है। वानप्रस्थ को भी अहंकार बना रहता है। क्षत्रिय अहंकार की प्रतिमा है; इसलिए वह वानप्रस्थ तक जा सकता है क्योंकि संन्यास में तो अहंकार छोड़ देना पड़ेगा।

तो वानप्रस्थ पर जो रुक जाए, वह क्षत्रिय। और जो मोक्ष को उपलब्ध हो जाए, वह ब्राह्मण।

ऐसे चार पुरुषार्थ, चार आश्रम और चार वर्ण। हिंदुओं का गणित है और कीमती गणित है। और अगर कोई समझ ले तो किसी और गणित की जरूरत नहीं।

आज इतना ही।

मूल पुस्तक 'बिन बाती बिन तेल' का बारहवां प्रवचन

तीसरा प्रवचन

प्रयास नहीं, प्रसाद

भगवान!
यह सुनकर कि अब आप चुने हुए साधकों के बीच ही बोलते हैं
और उन पर ही काम करते हैं,
हमारे बीच तरह-तरह की प्रतिक्रियाएं हुई हैं।
एक संन्यासी मित्र ने कहा, 'इससे एक ओर, जहां मेरे
अहंकार को रस मिला कि मैं चुना गया,
वहां दूसरी ओर यह डर भी लगा कि अब शायद भगवान के प्रवचनों में
रोज सम्मिलित होना ऐच्छिक न रहकर अनिवार्य हो जाए।
एक दूसरे संन्यासी मित्र ने कहा, 'भगवान तो परम करुणावान हैं,
फिर करुणा बांटने में यह भेद क्यों कि कुछ चुने हुए लोग ही,
उनकी अमृतवाणी का प्रसाद पायें?'
और वही बात सुनकर, मुझे मेरी अयोग्यता और पिछड़ापन याद हो आया।
और डर होने लगा कि कहीं इसी कारण भगवान मुझे अपने ढंग से
निकाल न दें।
भगवान! कृपापूर्वक हमारे संशय और भय को दूर करने की कृपा करें।

जीवन के सत्य अब सभी को दिये नहीं जा सकते। क्योंकि जिनमें प्यास ही नहीं है उनके लिए पानी का कोई अर्थ नहीं। वे सरोवर के किनारे भी खड़े हों तो भी सरोवर उन्हें दिखाई न पड़ेगा। भूखे को भोजन दिखाई पड़ता है, प्यासे को जल। और अगर भीतर इतनी गहरी प्यास न जगी हो कि परमात्मा दिखाई पड़ सके तो दिखाने का कोई उपाय भी नहीं है।

करुणा की कमी के कारण नहीं, तुम्हारी प्यास होगी तो ही तुम पात्र हो सकोगे। और तुम्हारा पात्र तैयार हो तो ही उसमें कुछ डाला जा सकता है। तुम पात्र उल्टा किये बैठे हो, तो कुछ भी डालना व्यर्थ है। वह श्रम निरर्थक चला जाता है।

पहली बात तो यह समझ लें कि जितनी गहरी प्यास होगी उतने ही बड़े सत्य के अधिकारी हो जाएंगे। और जरूरी नहीं है कि प्यास हो तो आपको गुरु को खोजना पड़े; प्यास होगी तो गुरु आपको खोज लेगा। जीवन के गहनतम रहस्यों में से एक यह है कि जब भी शिष्य तैयार है तब गुरु प्रगट हो जाता है।

खोजना तो इसलिए पड़ता है कि हम तैयार नहीं हैं। जब हम तैयार होते हैं तो गुरु ऐसे ही प्रगट हो जाता है, जैसे गड्ढा तैयार हो, और वर्षा का जल बरसे और गड्ढे में भर जाए। वर्षा तो पहाड़ों पर भी होती है लेकिन वे खाली के खाली रह जाते हैं। गड्ढे झील बन जाते हैं। कोई वर्षा की करुणा में कमी नहीं है, लेकिन पहाड़ रिक्त रह जाएगा क्योंकि पहाड़ पहले से ही भरा हुआ है। गड्ढा भर जाएगा क्योंकि गड्ढा खाली है।

भरने के लिये खाली होना जरूरी है।

होने के लिये मिटना जरूरी है।

इसलिए मैं कहता हूं कि थोड़े से लोगों पर काम करूंगा। इसका यह अर्थ नहीं है कि बाकी के प्रति करुणा कि कोई कमी है। वस्तुतः गौर से देखेंगे तो यह करुणा के कारण ही ऐसा करना पड़ रहा है। क्योंकि जो जल उन पात्रों पर फेंका ज़ा रहा है, जो उल्टे पड़े हैं, वह व्यर्थ जा रहा है। वह जल उनके काम आ सकता है, जो सीधे हैं। जो पानी उनको दिया जा रहा है, जिनकी कोई प्यास नहीं है, वह उनके काम आ सकता है, जो प्यासे हैं। उस तक ही पहुंचना चाहिए जिसको जरूरत है।

और कई बार ऐसा होता है कि तुम्हें भूख न हो और भोजन मिल जाए तो भूख के पैदा होने की संभावना तक मर जाती है। तुम्हें प्यास न हो और कोई पानी पिला दे तो जो प्यास कल पैदा हो सकती थी, शायद वह भी पैदा न हो पाये। उचित यही है, करुणापूर्ण यही है कि जो प्यासा नहीं, उसे पानी न दिया जाए। शायद पानी की कमी उसके भीतर प्यास को जगाये। और प्यास जगे तो पानी सार्थक हो जाता है।

अब तक बोल रहा था सारे लोगों के बीच। वह जरूरी था ताकि उन्हें कुएं की खबर हो जाए और जब उन्हें प्यास लगे तो वे कुएं तक आ सकें। अब उसका कोई प्रयोजन नहीं है। पर इससे भयभीत होने का कोई भी कारण नहीं है। और न इससे किसी चिंता में पड़ने की कोई जरूरत है। चिंता अगर पैदा ही करनी है तो एक ही, कि अपनी प्यास को परखना है और अपनी पात्रता को गहरा करना है।

लोग प्रश्न पूछते हैं और वे सोचते हैं कि प्रश्न पूछ लिया इसलिए उत्तर पाने के अधिकारी हो गये। प्रश्न किसी को उतर का अधिकारी नहीं बनाता। प्रश्न सिर्फ कुतूहल भी हो सकता है। अगर गहरा हो तो जिज्ञासा बनता है। अगर और गहरा हो तो मुमुक्षा का जन्म होता है।

तो पहले तो उनके लिए बोल रहा था, जो कुतूहल से भरे थे।

फिर उनमें से मैंने उन लोगों को चुना, जिनकी जिज्ञासा थी।

और अब जिज्ञासा से उनको चुन रहा हूं, जिनकी मुमुक्षा है।

अब जो मोक्ष के लिए ही खोज में हैं, उससे कम पर जो राजी न होंगे, उनकी तरफ ही मेरा श्रम होगा। उससे कम पर जो राजी होने को तैयार हैं, उनके लिये संसार बड़ा है। वे कहीं और खोज लेते हैं; कहीं और खोज लेंगे। हजारों लोग अभी कुतूहल के लिये बोल रहे हैं, उनको सुन लेंगे। सैकड़ों लोग जिज्ञासा के लिये बोल रहे हैं, उनको समझ लेंगे। उन सबसे पार होकर जिनकी मुमुक्षा जग गई हो, अब मेरा श्रम उनके लिये होगा।

और ध्यान रहे, बहुत स्थानों पर गड्ढे खोदने से कुआं नहीं बनता, एक ही जगह गहरा खोदने से कुआं बनता है। अभी तक बहुत जगह गड्ढे खोद रहा था। अब थोड़े-से लोगों पर गहराई में कुएं खोदूंगा। तभी तुम्हारा मोक्ष प्रगट हो सकेगा।

और अंतिम परिणामों में अगर थोड़े-से लोगों के जीवन में मोक्ष का फूल खिल जाए, तो उनके पीछे जो जिज्ञासु खड़े हैं, उनकी जिज्ञासा मुमुक्षा में बदलनी शुरू हो जाती है। और जब जिज्ञासुओं की जिज्ञासा मुमुक्षा बनती है। तो कुतूहल वाले लोगों का कुतूहल जिज्ञासा बनता है। तुम एक पंक्ति में खड़े हो। और जब तुम पाते हो कि तुम्हारे आगे खड़ा हुआ व्यक्ति कहीं पहुंच गया तो तुम्हारे जीवन में गति आ जाती है।

कुछ लोगों का मोक्ष जरूरी है।

इस पृथ्वी पर धर्म के खो जाने का एक महत्वपूर्ण कारण यह है कि तुम उस व्यक्ति को नहीं खोज पाते, जिसको मोक्ष उपलब्ध हुआ हो। तो तुम्हें प्यास कैसे जगे? तुम उनके बीच ही घूमते हो जो अतृप्त हैं। तुम्हें तृप्ति का कोई स्वाद नहीं मिलता। कहीं तृप्ति की कोई गंध नहीं मिलती। कहीं कोई ऐसा व्यक्ति नहीं मिलता जिसका संगीत तुम्हें पकड़ ले और किसी अलौकिक की खबर दे। जिसका होना तुम्हारे लिए, नये का द्वार बन जाए। जिसके पास पहुंचकर तुम्हें लगे कि जब तक मैं ऐसा न हो जाऊं, तब तक मेरा होना व्यर्थ है। कुछ लोगों के जीवन में मोक्ष का फूल खिले तो अनेक लोगों को खयाल आयेगा कि फूल खिल सकता है।

तो लंबे अर्थों में यही करुणापूर्ण है कि थोड़े लोगों पर मैं मेहनत करूं तो उनके वृक्ष खिल जाएं। उनके कारण बहुत लोगों को परिणाम होगा। उनके कारण बहुत लोग मोक्ष की तलाश में प्यासे और गहरी खोज में लगेंगे।

इससे निश्चित ही तुम्हारे अहंकार को बल मिल सकता है। तुम्हें लग सकता है कि तुम चुने हुए थोड़े लोग हो। अगर ऐसा लगा, इस लगने के कारण ही तुम बाहर हो गये। तो तुम भौतिक रूप से मंदिर के भीतर बैठे रहो लेकिन तुम मंदिर आये नहीं। क्योंकि मंदिर में तो प्रवेश उसी का है, जो अपने अहंकार को बाहर रख आया है।

ऐसी बात सुनकर तुम्हें अहंकार नहीं, अनुग्रह जगना चाहिए। तुम्हें परमात्मा के प्रति अनुग्रह का भाव पैदा होना चाहिए। तुम्हें लगना चाहिए कि मैं पात्र नहीं भी था, फिर भी पात्र की तरह स्वीकार किया गया हूं। इससे तुम्हारी पात्रता बढ़ेगी। अगर तुम्हें लगा कि मैं पात्र हूं इसलिए चुना गया हूं, तुमने अपनी पात्रता खो दी।

और यह पात्रता कुछ ऐसी नहीं है कि तुम्हारी कोई स्थायी संपदा है। क्षण में तुम पाते हो, क्षण में खो देते हो। यह बड़ी तरल है अभी; ठोस नहीं हो गई है। एक क्षण में अहंकार का भाव—और तुम भटक जाते हो। जैसे ही लगा कि 'मैं कुछ हूं,' तुम अपात्र हो गये। जैसे ही लगा कि 'मैं ना-कुछ हूं', पात्रता उपलब्ध हो गई। तुम्हारे मिटने में ही तुम्हारा गुण है। तुम्हारे होने में ही तुम्हारी बाधा है। तो मन...मन तो सदा अहंकार की तलाश में रहता है। कहीं से भी कोई उपाय मिल जाए तो मन अहंकार को निर्मित करने की चेष्टा करता है। और अहंकार का अर्थ है, उल्टा पात्र। तुम उल्टे रखे हो फिर। फिर मैं बरसता रहूं तो भी तुम्हारे पात्र में एक बूंद न पहुंचेगी। जब अहंकार नहीं है तब तुम सीधे रखे पात्र हो। तब मूसलाधार वर्षा भी न हो, रिमझिम होती रहे तो भी तुम आज नहीं कल भर जाओगे।

अनुग्रह को पकड़ना। और जब भी तुम्हें अहंकार पकड़े तो कुछ खोजना दूसरा तत्व। जैसे 'मैं चुना गया हूं', ऐसा भाव तुम्हें पकड़े तो तुम दो रास्ते तुम्हारे लिये खुल जाते हैं : एक तो यह, कि मैं विशिष्ट हूं इसलिए चुना गया हूं। तब तुम भटक गये। तुम पहुंचते-पहुंचते चूक गये। तुम मुड़ गये उस जगह से, जहां से कि मार्ग शुरू होता था। दूसरा उपाय है कि तुम समझो कि मैं—अनुग्रह के प्रसाद से—पात्र नहीं हूं और चुन लिया गया हूं तो तुम ठीक रास्ते पर जा रहे हो।

सूफी फकीर जुन्नैद अपनी प्रार्थनाओं में रोज कहता था कि मैं चकित हूं कि मेरी कोई भी पात्रता नहीं, फिर भी मैं जी रहा हूं। जीने के लिए मैंने कुछ भी अर्जित नहीं किया और जीवन

का यह परम धन्यभाग मुझे मिला। और मैं चकित हूं क्योंकि कोई भी कारण नहीं है कि इतनी शांति मुझ पर क्यों बरसे। जहां लोग इतनी अशांति से जल रहे हैं, वहां क्यों मेरे ऊपर यह शांति बरसती है? उसकी प्रार्थना में एक अजीब बात थी। वह कहता था परमात्मा! मैं यह मान नहीं सकता कि तुम न्याययुक्त हो। मैं यह मान नहीं सकता कि तू न्याययुक्त है। तू जरूर मेरी तरफ पक्षपात कर रहा है। मुझ अपात्र पर इतना बरस रहा है।

पर यही उसकी पात्रता थी।

खुद को अपात्र समझना अध्यात्म के मार्ग पर पात्रता है। और जिस दिन तुम अपने को समझोगे योग्य, उसी दिन तुम भटक गये। और मन सदा तुम्हें भटकायेगा। पहुंचते-पहुंचते सीढ़ियां हाथ से छूट जाएंगी।

झेन फकीर बोकूजू की मृत्यु करीब आई तो उसने अपने आश्रम में खबर की। वहां कोई पांच सौ संन्यासी थे—जापान के चुने हुए लोग, नवनीत जैसे, श्रेष्ठतम! एक से एक बड़े पात्र—ज्ञानी, विचारशील, ध्यानी। उसने घोषणा की कि अब वक्त आया, मैं विदा हो जाऊंगा; तो मुझे अपना उत्तराधिकारी चुनना है। तो जो व्यक्ति भी सोचता हो कि मेरा उत्तराधिकारी होने के योग्य है, वह चार छोटी-सी पंक्तियों में मेरे द्वार पर रात एक सूत्र लिख जाए, जिसमें सारे धर्म का सार आ जाता हो।

जो पात्र थे, वे चुप ही रहे क्योंकि पात्र योग्यता की घोषणा नहीं करता। जो पात्र थे, उन्होंने गुरु की झोपड़ी की तरफ जाना बंद ही कर दिया। वह बात ही खतम हो गई। ऐसे भी घूमने उस तरफ न जाते कि कहीं खयाल न आ जाए लिखने का। लेकिन जो अपात्र थे, वे रात-रात भर तैयारियां करने लगे। चार पंक्तियों में सारे धर्म का सार डाल देना है। एक चौपाई लिख देनी है। काम कोई बड़ा कठिन नहीं है। क्योंकि चौपाइयां पहले से ही लिखी पड़ी हैं, जिनमें धर्म का सारा सार आ जाता है। और इतनी-सी बात के लिए इतने बड़े आश्रम का, जिसकी ख्याति दूर-दिगंत तक थी, उत्तराधिकारी हो जाना! संपत्ति विराट थी। पांच सौ भिक्षु शिष्य थे और लाखों श्रावक शिष्य थे। बड़े से बड़ा आश्रम था बोकूजू का।

अनेक ने अपनी रातें चौपाई बनाने में खर्च कीं। और फिर आखिर जो सबसे बड़ा पंडित था, जो शास्त्र का सबसे बड़ा ज्ञाता था, उसने जाकर एक रात चौपाई लिखी। चौपाई में जरूर शास्त्र का सार आ जाता था, धर्म का आता हो या न आता हो। और धर्म और शास्त्र बड़ी अलग बातें हैं। शास्त्र में जो भी लिखा है उसको निचोड़ दिया था उसने। उसने चार छोटी सी पंक्तियां लिखीं कि :

'आदमी का मन दर्पण की भांति है। इस दर्पण पर कर्मों की धूल जम जाती है। धूल को पोंछ दें, फिर स्वच्छ ब्रह्म उपलब्ध है।'

समस्त शास्त्रों का सार आ गया। यही सारे शास्त्र कह रहे हैं—चाहे पतंजलि, चाहे बुद्ध, चाहे महावीर कि मन तुम्हारा गंदा हो गया है कर्मों के कारण। कर्म की लंबी श्रृंखला है। जैसे कोई यात्री किसी धूल-धवांस भरे रास्ते से वर्षों तक यात्रा करता रहा हो। स्नान का मौका न मिला, सुविधा न मिली जल की, कोई सरोवर न आया, तो धूल ही धूल से भर जाए।

फिर एक सरोवर में छलांग लगायी, सारी धूल धुल जाए और यात्री स्वच्छ और ताजा हो जाए क्योंकि भीतर की स्वच्छता कभी नष्ट तो नहीं होती। धूल बाहर ही जम सकती है,

भीतर तो जा नहीं सकती। भीतर का ब्रह्म तो सदा निखालिस है। बस, ऊपर के कपड़ों पर गंदगी आ सकती है। वह कभी गंदा नहीं हो सकता, जो तुम हो। वह दीया जो बिन बाती बिन तेल जलता है, उस पर कभी कोई धुआं नहीं उठता; क्योंकि धुआं तो तेल के कारण उठता है। बाती गीली होती है इसलिए उठता है। लेकिन जहां बाती नहीं, तेल नहीं, वहां धुआं कैसे उठेगा? वहां अग्नि शुद्ध जलती है। तो भीतर तो कुछ कभी पहुंचता नहीं; बस ऊपर ही सब जम जाता है।

तो सार की बात तो कह दी थी कि मन एक दर्पण की भांति है। यही तो सभी ने कहा है।

'कर्म का मल जम जाता है'—यही सभी शास्त्रों का सार है। धो लो इसे—आचरण, योग, चरित्र, धर्म, नीति धोने के उपाय हैं। और फिर तुम शुद्धतम हो, जो कि तुम सदा थे। जो तुमने कभी खोया नहीं था, वह तुम्हें फिर मिल जाएगा। तुम्हारी परम शुद्धता पुनः प्रगट हो जाएगी। आविष्कार है यह, कोई नये की उपलब्धि नहीं। धूल भर झाड़ देनी है।

सुबह गुरु उठा, देखा दीवाल पर लिखा सूत्र और कहा, किस मूढ़ ने यह उपाय किया है? उसे पकड़ो! भाग न जाए।

डर के कारण...डर तो था ही उस महापंडित को। पंडित भय के तो कभी बाहर नहीं हो सकता क्योंकि कितना ही वह समझ ले, भीतर तो जानता है कि मैं अभी समझा नहीं। कितने ही शास्त्र कंठस्थ हो जाएं, लेकिन कंठ से नीचे तो शास्त्र कभी गया नहीं; जा भी नहीं सकता। हृदय तो रिक्त ही रह जाता है। और कंठ में फांसी लग जाती है पांडित्य से। कंठ अवरुद्ध हो जाता है।

जानता तो था ही कि यह सब शास्त्र में ही लिखा है, जो मैंने पढ़ा है। और जो मैंने सार निकाला है, वह कोई अनुभव का सार नहीं है। वह मेरी बुद्धि की ही बातचीत है। और गुरु को धोखा देना असंभव है इसलिए दस्तखत उसने नहीं किये थे। इतनी उसने होशियारी की थी कि अगर ठीक पाया गुरु ने, तो घोषणा कर दूंगा मैंने लिखा है। अगर ठीक न पाया गुरु ने तो इनकार कर जाऊंगा। फिर भी डर था कि इससे भी बचना आसान नहीं है। गुरु फौरन पहचान लेगा किसने लिखा है! इसलिए रात लिखकर वह भाग गया था आश्रम के बाहर। अपने मित्रों को जता गया था कि अगर गुरु स्वीकार कर ले तो मुझे खबर कर देना, मैं बाहर छिपा हूं।

गुरु ने देखा और उसने कहा, यह किस मूढ़ ने लिखा है? उसे पकड़ो! भाग न जाए। उसकी मुझे पिटाई करनी ही पड़ेगी। बड़ा सन्नाटा आश्रम में छा गया। अनेक लोगों ने चौपाइयां तैयार कर रखी थीं, उन्होंने हिम्मत ही छोड़ दी। क्योंकि महापंडित हार गया, तो हमारी चौपाइयां अब क्या काम आएंगी? सारे आश्रम में एक ही चर्चा थी कि गुरु चाहता क्या है? क्या असंभव चाहता है? यह सार तो लिख दिया है।

और कई को तो शक होने लगा कि यह गुरु भी अगर लिखे तो इससे बेहतर लिख नहीं सकता। लिखेगा क्या और? बचता क्या है?

चार पंक्तियों में सब आ गया। मनुष्य की स्थिति आ गई, स्थिति का कारण आ गया, कारण को मिटाने का उपाय आ गया, मिट जाने के बाद परम अवस्था का वर्णन आ गया; और क्या?

बुद्ध ने चार ही तो बातें कहीं है,कि दुख है, दुख का कारण है, दुख को मिटाने का उपाय है और दुख को मिटने की...मिट गये दुख की स्थिति है। ये चार बातें पूरी आ गईं। दुख है क्योंकि मन पर धूल जम गई है। धूल जम गई है क्योंकि तुमने कर्म किये हैं, लंबी यात्रा की है। तुम कर्त्ता रहे हो, अहंकार रहे हो। तुमने सोचा है कि मैं कर्त्ता हूं, इसलिए धूल जम गई है। धूल को पोंछ दो ध्यान से, प्रार्थना से, शुद्ध आचरण से, यम से, नियम से। शुद्धता उपलब्ध हो जाती है। वही निर्वाण है।

लोग चर्चा करने लगे छिपे यहां-वहां, कि यह व्यवहार ठीक नहीं हुआ। यह चर्चा करते हुए आश्रम के भिक्षु जहां भोजन करते थे, वहां से गुजरते थे। तो जो आश्रम का चावल कूटता था आदमी, वह भी एक भिक्षु ही था। बारह वर्ष पहले आश्रम में आया था। बारह वर्ष पहले जाकर उसने इस गुरु बोकूजू के चरणों में सिर रखा था और कहा था कि मुझे अंगीकार कर लें। मैं भी सत्य की खोज में आया हूं।

तो गुरु ने कहा था, 'तू सत्य के संबंध में जानना चाहता है कि सत्य जानना चाहता है?' क्योंकि ये दो खोजें अलग-अलग हैं। सत्य के संबंध में जानना हो, आसान बात है; थोड़ा-सा बुद्धि का उपाय और खेल है। शास्त्र का अध्ययन कर, सूत्र कंठस्थ कर, पंडित हो जा। लेकिन ध्यान रख, यह ऐसे ही है, जैसे कोई हीरे के संबंध में जानता हो और हीरा कभी देखने न मिला हो। किसी ने पानी के संबंध में बहुत कुछ सुना हो, लेकिन कंठ के नीचे एक बूंद न उतरी हो। तो तू चाहता क्या है? 'सत्य को जानना, या सत्य के संबंध में जानना?'

तो उस आदमी ने कहा था कि जब आ ही गया खोजने तो अब सत्य के संबंध में क्या जानना! सत्य को ही जानना है। रास्ता कितना ही लंबा हो, कितने ही जन्म लग जाएं, मैं तैयार हूं। तो गुरु ने कहा, फिर ऐसा कर, यह आश्रम का चौका है, पांच सौ भिक्षुओं का भोजन बनता है, तू चावल कूटने का काम संभाल ले। और अब दुबारा देख, यहां मत आना। जब जरूरत होगी, मैं आ जाऊंगा।

बारह साल बीत गये; न तो वह आदमी गुरु के पास आया, न गुरु उसके पास गया। वह आदमी सोचने जैसा है। बस वह चावल ही कूटता रहा। वह सुबह उठता और चावल कूटने में लग जाता। सांझ थक जाता, सो जाता। सुबह फिर चावल कूटने में लग जाता। आश्रम में उसकी कोई गणना ही न थी। भिक्षु उसके पास से गुजरते थे तो कोई उसकी तरफ देखता भी न था। कोई नमस्कार भी नहीं करता था। लोग उसे भूल ही गये थे। चावल कूटने वाला था, उससे कुछ लेना-देना नहीं था। धीरे-धीरे कोई उससे बोलता भी नहीं था; क्योंकि सब प्रतिष्ठित थे, वह चावल कूटने वाला था। जब कोई बोलता ही नहीं था तो धीरे-धीरे वह मौन हो गया। और लोगों में ऐसा खयाल हो गया कि वह चुप ही हो गया है, कुछ बोलता भी नहीं—उपेक्षित था।

कुछ दिन तक पुराने विचार मन में चलते रहे। जिस घर से आया था, जिस बाजार से आया था, जिनको पीछे छोड़ आया था, उनकी स्मृतियां भटकती रहीं; लेकिन कितने दिन? एक ही काम था—सुबह से चावल कूटना, रात सो जाना, सुबह फिर चावल कूटना। यह चावल कूटना ध्यान हो गया। यह काम ही ध्यान हो गया। बस एक ही, गुरु ने एक ही बात कही थी कि चावल कूट; तो उसने अपना सारा जीवन चावल कूटने में लगा दिया। मन को,

पूरा वहीं संलग्न कर दिया। जैसे बस यही प्रार्थना, यही पूजा, यही साधना, यही योग। और अब कुछ बचा भी नहीं क्योंकि गुरु ने कहा, दुबारा तू आना मत। जरूरत होगी तब मैं आ जाऊंगा। इसलिए भविष्य की कोई चिंता भी न रही, अपने हाथ में कुछ बचा ही नहीं। समर्पण पूरा हो गया। धीरे-धीरे लोग इसे भूल ही गये।

उस दिन जब आश्रम में चर्चा चलती थी और लोग इसके पास से गुजर रहे थे भिक्षु; और वे कह रहे थे कि हमें तो शक है कि यह गुरु थोड़ी ज्यादती कर रहा है। यह खुद भी लिखना चाहे तो इससे बेहतर सूत्र लिख नहीं सकता। आपस में सूत्र का विश्लेषण कर रहे थे। वह चावल कूट रहा था। इसने सूत्र को सुना और यह जोर से हंसा।

यह पहली घटना थी बारह साल में। चौंककर भिक्षुओं ने इसकी तरफ देखा और कहा कि तुम हंसे। बात क्या है?

उसने कहा कि गुरु ने ठीक ही मुझसे कहा था, 'सत्य के संबंध में जानना कि सत्य को जानना? जिसने भी यह सूत्र लिखा है, सत्य के संबंध में जानता है, सत्य का इसे कोई पता नहीं।'

लोग तो मजाक उड़ाने लगे कि तू चावल कूटते-कूटते सिद्ध हो गया! तो हम व्यर्थ ही सिर फोड़ रहे हैं। इतना शीर्षासन कर रहे हैं, इतने आसन लगा रहे हैं, और सुबह से शाम तक परेशान हैं। जिंदगी तपश्चर्या बना डाली और तू चावल कूटते-कूटते सिद्ध हो गया? तू भी सोचता है कि यह सत्य के संबंध में है, सत्य नहीं ? तो तेरा क्या कहना है?

उसने कहा, 'यह जरा मुश्किल बात है। बारह साल में मैं थोड़ा बहुत लिखना भी जानता था, वह भूल गया। थोड़ी बुद्धि काम करती थी वह भी अब काम नहीं करती। देखते हैं, चावल हैं, चावल कूटते-कूटते निर्बुद्धि हो गया। लेकिन अगर कोई लिखने को तैयार हो तो मैं बोल दूंगा, तुम दीवार पर जाकर लिख दो।'

उन्होंने कहा, 'चल साथ।'

उसने कहा, 'उतने दूर मैं जाने वाला नहीं। यह सूत्र लिख दो जाकर कि मन कोई दर्पण नहीं है जिस पर धूल जम जाए। और जब धूल जमी ही नहीं तो साफ क्या खाक करोगे? जिसने यह जान लिया, उसने सब जान लिया।

किसी ने जाकर दीवाल पर लिख दिया।

गुरु बाहर निकला और उसने कहा, पकड़ो उस चावल कूटने वाले को क्योंकि सिवाय उसके कोई दूसरा यह वचन नहीं बोल सकता। गुरु भागा गया। वह आदमी चावल कूट रहा था और गुरु ने कहा कि वक्त आ गया कि मैं तेरे पास आऊं। तुम ने पा लिया। क्योंकि जो भी जान लेता है, वहां कैसा मन? कैसा दर्पण? कैसी धूल? वैसा व्यक्ति यह भी जान लेता है कि वह सब सपना था, जो टूट गया।

जो सुबह जागता है, क्या वह यह कहता है, सपना झूठ है या सच? कि सपने में हत्या की तो उसकी धूल लगी है? कि सपने में पाप किया तो उसे पोंछना पड़ेगा, साफ करना पड़ेगा? जागते ही पता चलता है कि सपना खो गया, दर्पण खो गया, धूल खो गई, सब खो गया, अकेला मैं बचा। तूने ठीक पहचान लिया। तू यह संभाल, यह कुंजी। तू मेरा उत्तराधिकारी हुआ।'

उसने कहा, 'लेकिन मैं एक ही तरकीब जानता हूं—चावल कूटना। वही सिखाऊंगा, लेकिन इतने चावल का क्या करोगे? पांच सौ जो लोग हैं, मैं तो चावल कूट-कूटकर पहुंच गया। तुम्हारी बड़ी कृपा...। तुमने मुझे ज्ञान न दिया, तुमने मुझे मंत्र न दिया, तुमने मुझे शास्त्र न दिया, तुम्हारी अनुकंपा! मैं तो चावल कूट-कूटकर...लेकिन पांच सौ को मैं चावल कुटवाऊं? इतने चावल का क्या होगा?

गुरु ने कहा, 'वह तेरी झंझट वह तू जान!' इस व्यक्ति के माध्यम से अनेक लोग निर्वाण तक पहुंचे। और उसकी कुल प्रक्रिया इतनी थी कि अगर बगीचे में गड्ढा खोद रहे हो तो वह कहता, सिर्फ गड्ढा खोदो। तुम मत रहो और गड्ढा खोदना ही बचे। तुम मिट जाओ, गड्ढा खोदने की क्रिया बचे। अगर तुम लकड़ी काट रहे हो तो लकड़ी कटे, तुम न रहो। तुम रास्ते पर चल रहे हो तो चलना तो घटे, लेकिन चलने वाला न हो। तुम कुएं से पानी भर रहे हो तो पानी तो भरा जाए, भरने वाला न पाया जाए कुएं पर।

अनूठे शिष्य उसके सिद्धत्व को उपलब्ध हुए। उसके सिद्धों से जब लोग पूछते तो बड़े हैरान होते। कोई कहता पानी भर-भर के मैं ध्यान को उपलब्ध हुआ। पहले जब पानी भरना शुरू किया तो भरने वाला था, फिर भरने वाले को भरने की क्रिया में लीन किया। फिर पानी तो भरता रहा, हम न रहे;—बस सतोरी, सिद्धि घट गई, समाधि हो गई।

कोई कहता लकड़ी काटते-काटते; कोई कहता गड्ढा खोदते-खोदते; कोई कहता गायों को चराते-चराते। बोकूजू के इस शिष्य के माध्यम से जो लोग सिद्धि को उपलब्ध हुए, उनकी संख्या बड़ी है। और जीवन की सहजता से वे सिद्धत्व को पहुंचे।

एक तो जानना है सत्य के संबंध में; वह जिज्ञासा है। और एक सत्य को जानना है; वह मुमुक्षा है। और सत्य को जिसे जानना है, उसे मिटना होगा। वह चाहे चावल कूटने में मिटे, चाहे ओंकार की ध्वनि में मिट जाए, चाहे दुकान पर बैठे-बैठे मिट जाए।

कबीर बुनते रहे कपड़े, जुलाहे के जुलाहे रहे; और वहीं सिद्ध हो गये। और जब बाद में लोगों ने कबीर से कहा कि अब तो छोड़ो। अब तो तुम परम स्थिति को पहुंच गये, अब क्यों कपड़ा बुने जा रहे हो? तो कबीर ने कहा, 'जिसको बुन-बुनकर पहुंचा, उसको अब क्या छोड़ना? इसी से पहुंचा हूं, यही साधन है।' बस, कपड़े को बुन-बुनकर, धागे डाल-डालकर कबीर मिट गये।

गोरा कुम्हार हुआ; वह मिट्टी रोंद-रोंदकर, घड़े बना-बनाकर उपलब्ध हो गया। रैदास चमार जूते बनाना जारी ही रखा।

एक हसीद फकीर बालसेन के पास आकर एक चमार ने पूछा कि मैं बड़ी मुश्किल में हूं। कब करूं प्रार्थना? क्योंकि मैं हूं गरीब, बारह मेरे बच्चे हैं, पत्नी है, बूढ़ा पिता है, विधवा बहन है। इन सबका पालन-पोषण मेरे ऊपर है और जूता बनाने के सिवाय मैं कुछ जानता नहीं। सुबह से काम में लग जाना पड़ता है। अगर वहां सुबह काम में न लगूं तो ग्राहक दूसरी दुकानों पर चले जाते हैं और वह है प्रार्थना का समय। तो प्रार्थना कब करूं? साझ को रात देर तक मुझे काम करना पड़ता है, तभी भरण-पोषण हो पाता है।'

बालसेन ने कहा, 'जब तू जूता ही बनाता है तो प्रार्थना की जरूरत क्या है? बस जूता ही बना। वही तेरी प्रार्थना। और जो ग्राहक आये, वही तेरा परमात्मा।' और कहते हैं चमार जूते

बना-बनाकर और ग्राहक में परमात्मा को देखते-देखते मिट गया; उपलब्ध हो गया।

तुम मिटोगे तो पाओगे। कैसे तुम मिटते हो, यह गौण है। तुम रहे तो तुम चूक जाओगे; कैसे तुम बचते हो, यह गौण है। कोई धन ज्यादा है इसलिए सोचता है, मैं कुछ हूं। कोई बड़े पद पर है इसलिए सोचता है, मैं कुछ हूं।

तुम सोच सकते हो कि तुम थोड़े से चुने हुए लोगों में हो, तुम कुछ हो — तुम चूके। तुम्हारी पात्रता किसी भी क्षण अपात्रता हो सकती है। तुम अपनी पात्रता को अपात्रता में मत बदलने देना। सूत्र एक है, तुम अनुग्रह मानना।

इसीलिए सभी संतों ने कहा है, परमात्मा प्रयास से नहीं मिलता; प्रसाद से मिलता है। इसे समझ लो। परमात्मा कभी भी प्रयास से नहीं मिलता; क्योंकि प्रयास में तो अहंकार बचा ही रहता है—मैं कर रहा हूं! जब तक मैं कर रहा हूं कुछ, तब तक वह नहीं मिलता। तब तक मैं मौजूद हूं। इसलिए प्रयास से पहुंचने वाला चांद पर पहुंच जाए, एवरेस्ट पर खड़ा हो जाए, लेकिन प्रयास से चलने वाला स्वयं तक नहीं पहुंच पाता।

अहंकार और स्वयं में विरोध है। तुम जितना ही समझते हो तुम हो, उतना ही तुम अपने स्व को ढांक रहे हो। जितना ही तुम्हारा अहंकार खोयेगा उतना ही तुम्हारा स्व उघड़ेगा। और तुम्हारे उघड़ेपन का नाम ही परमात्मा है। जब तुम्हारा पूरा स्वभाव उघड़ गया, नग्न, अपनी निर्दोषता में प्रगट हो गया, जब तुम खुलोगे पूरे, तुम्हारी पंखुड़ियां खिलेंगी और तुम फूल बनोगे।

तो तुम यह सोच सकते हो कि तुम कुछ हो। बुद्ध के निकटतम शिष्य वंचित रहे आखिरी क्षण तक। आनंद जो उनके निकटतम चालीस वर्ष तक था, आखिरी दिन तक वंचित रहा। और रोने लगा और उसने उनसे कहा, कि अब तुम छोड़ रहे हो! मेरा क्या होगा? और चालीस साल मैं तुम्हारे साथ रहा, कुछ पाया नहीं। बुद्ध ने कहा, 'मैं क्या करूं? तेरी अकड़, कि तू बुद्ध के साथ है, बाधा बन गई। तेरी जिद, कि तू साथ ही रहेगा, बाधा बन गई। तेरा खयाल, कि तू बुद्ध का चचेरा भाई है, और न केवल चचेरा भाई है, बड़ा चचेरा भाई है।'

क्योंकि जब आनंद पहली दफा दीक्षा लेने आया तो उसने कहा, सुनो, दीक्षा के बाद मैं तो शिष्य हो जाऊंगा, अभी दीक्षा के पहले मैं तुम्हारा बड़ा भाई हूं। तुम्हें मैं दो-तीन बातें कहता हूं, वह बड़े भाई की आज्ञा समझना। एक, कि दीक्षा लेने के बाद तुम जहां भी जाओगे, मैं तुम्हारे साथ रहूंगा। तुम यह न कह सकोगे कि आनंद कहीं और जाओ। मैं कहीं विहार न करूंगा। यह बड़े भाई की हैसियत से तुमसे कह रहा हूं। दीक्षा के बाद तो फिर मैं कुछ न कह सकूंगा। यह वचन तुम मुझे दे दो। तुम जहां सोओगे, वहीं मैं सोऊंगा उसी कमरे में। मैं क्षण भर तुम्हें छोडूंगा नहीं और तुम यह न कह सकोगे कि एकांत चाहिए। और तीसरी बात: आधी रात भी किसी को मिलाऊंगा तो मिलना पड़ेगा। तुम यह न कह सकोगे कि नहीं, यह कोई मिलने का वक्त है? और चौथी बात कि कोई भी प्रश्न पूछूं, तुम टाल न सकोगे; जवाब देना पड़ेगा। यह बड़े भाई की हैसियत से मांगता हूं।

फिर आनंद दीक्षित हो गया और ये चार बातें बुद्ध ने सदा पूरी कीं। वक्त-बेवक्त किसी को मिलाया, मिले, संगत-असंगत सवाल पूछा, जवाब दिया। चालीस साल तक आनंद को छाया की तरह साथ रखा। लेकिन वह अकड़ कि मैं बड़ा भाई हूं बुद्ध का भीतर बनी रही।

रस्सी जल भी गई, तो भी अकड़ बनी रही। तो बुद्ध ने कहा, जब तक मैं मर ही न जाऊं आनंद, तू मुक्त न हो सकेगा क्योंकि तुझे मैं अलग कर नहीं सकता; तेरी अकड़ जाती नहीं, अब एक ही उपाय है कि मैं खो जाऊं, ताकि तू अकेला रह जाए।

बुद्ध जिस दिन मरे उसके दूसरे दिन आनंद बुद्धत्व को उपलब्ध हो गया। सब सहारा खो गया तो अहंकार के खड़े होने की जगह न रही। तुम बुद्ध को भी अहंकार का सिंहासन बना सकते हो।

अनुग्रह का खयाल रखना। प्रयास से कभी सत्य मिलता नहीं, क्योंकि प्रयास में तो तुम बच ही जाते हो। इसलिए संत कहते हैं प्रसाद से; उसकी कृपा से। यह बड़ी मीठी बात है।

तुम्हारे करने से क्या होगा? तुम्हारा करना कितना छोटा है! तुम करोगे भी क्या? माला फेरोगे, क्या कर रहे हो तुम? नाम रटोगे? राम...राम...राम...राम...करोगे, क्या कर रहो हो? तोते कर लेते हैं। तुम करोगे क्या? यह न खाओगे, वह न पीओगे; इसका कितना मूल्य है? यह कपड़ा न पहनोगे, वह कपड़ा पहनोगे; इसका कितना अर्थ है? तुम्हारे करने की सार्थकता कितनी? गहराई कितनी? तुम करोगे क्या? अहंकार का करना जाएगा कहां? छिछला अहंकार! उसके कर्म भी छिछले होंगे। कोई सागर की लहर सागर की गहराई में तो जा नहीं सकती। ऊपर ही रहेगी। कितनी ही उछल-कूद करे, कितना ही शोर-शराबा मचाये, नाचे, चिल्लाये, लेकिन गहराई में नहीं जा सकती। लहर सतह पर ही रहेगी। अहंकार सतह पर है; वह भीतर नहीं जा सकता। वह गहराई में नहीं ले जा सकता। तुम कुछ भी करो, तुम्हारा किया हुआ ऊपर ही ऊपर रहेगा।

इसलिए दो उपाय हैं। और दो उपाय सिर्फ दो तरह की भाषा के कारण हैं। एक तो यह है कि तुम कुछ न करो, तुम निष्क्रिय हो जाओ; तुम अकर्म में लीन हो जाओ। बुद्धों ने कहा, तुम कुछ भी मत करो। तुम करना ही छोड़ दो ताकि लहर मिट जाए। जब लहर मिट जाती है तो गहरे में प्रवेश हो जाता है। क्योंकि सागर के भीतर जाने के लिये लहर का रूप बाधा है। लहर मिटी कि फिर सागर के भीतर जा सकती है। भीतर कोई लहर नहीं है, भीतर परम शांति है। जब तक लहर शांत न हो जाए, भीतर न जा सके। तो बुद्ध कहते हैं, तुम चुप हो जाओ। और तुम करो ही मत कुछ। तुम अकर्म में लीन हो जाओ। यह एक ढंग है।

एक ढंग यह है कि परमात्मा करने वाला है, करना सब उस पर छोड़ दो। तुम सिर्फ उसके उपकरण हो जाओ। यह दूसरा ढंग है। यह कृष्ण का मार्ग है। कृष्। अर्जुन को कहते हैं, 'तू उपकरण हो जा, निमित्त मात्र। वह कर रहा हैं, तू नहीं कर रहा है। वह करवा रहा है। स्वर उसके हैं, तू भला बांस की पोंगरी है, बांसुरी है। वह बजा रहा है। जैसे उसे बजाना हो, बज! बाधा मत डाल। तू बीच में खड़ा मत हो कि मैं यह स्वर तो बजाऊंगा और यह स्वर न बजाऊंगा। यह गीत तो मुझे पसंद है, यह गीत मुझे पसंद नहीं। यह तू बीच में खड़ा मत हो। तू बांस की पोंगरी हो जा। उसके स्वरों को निकलने दे, तू न बाधा डाल, न अड़चन खड़ी कर। न तू अपनी तरफ से निर्णय ले। निर्णय उसका, कर्म उसका। न तू कर्त्ता है, न तू निर्णायक है। तू सिर्फ निमित्त है। तू सिर्फ उपकरण है, साधन है।

यह एक मार्ग है। यह भक्त का मार्ग है। एक मार्ग है कि तू निष्क्रिय हो जा, तू कुछ भी मत कर। तू है ही नहीं—शून्यवत! यह ज्ञानी का मार्ग है।

दो ही मार्ग हैं। और दोनों का मतलब एक है। चाहे परमात्मा कर्त्ता हो, या तुम निष्क्रिय हो जाओ; यह दो छोरों से एक ही चीज की तरफ जाना है। परमात्मा कर्त्ता है तो अहंकार समाप्त हुआ। तुम निष्क्रिय हुए तो अहंकार समाप्त हुआ। और जहां अहंकार नहीं, वहीं सब प्रगट हो जाता है।

भगवान! क्या हम पूछ सकते हैं कि भगवान बुद्ध तो परम ज्ञानी थे और आनंद अज्ञानी—चाहे उनका बड़ा भाई ही क्यों न हो। फिर उन्होंने—एक ज्ञानी ने अज्ञानी की ऐसी शर्तें क्यों मानी थीं, जो उसके कल्याण में नहीं थीं?

ज्ञानी अज्ञानी की शर्तें न माने तो अज्ञानी भटक जाए। यही उसके कल्याण में था। मुक्त तो हो सका—बुद्ध के मरने के बाद सही; लेकिन अगर बुद्ध इनकार कर दें तो आनंद सदा के लिये भटक जाएगा। उसकी अकड़, उसके बड़े भाई का अहंकार दीक्षित न होने देगा। तो बुद्ध ने यह चार बेहूदा बातें मान लीं। जिनका कोई अर्थ बुद्ध को नहीं था। लेकिन यही उपाय था।

ज्ञानी बहुत बार झुकता है ताकि तुम्हें उठा सके। स्वाभाविक है, जब तुम रास्ते पर गिर पड़ो तो जो खड़ा है, वही झुकेगा। तुम कैसे झुकोगे उठने के लिए? जो खड़ा है, वह झुकता है ताकि गिरे को उठा ले।

बुद्ध झुके। चालीस साल लगे, लेकिन चालीस साल कुछ भी नहीं है। इस अनंत यात्रा में चालीस साल क्षण भर से ज्यादा नहीं हैं। आनंद मुक्त हो सका। लेकिन बुद्ध इनकार कर देते और कहते ये पागलपन की बातें हैं,.तो आनंद लौट ही गया होता। वह दीक्षित होने को राजी नहीं होता।

जो चालीस साल बुद्ध के पास रहकर अहंकार न छोड़ पाया, बुद्ध ने अगर उसकी शर्तें न मानी होतीं तो तुम सोचते हो, वह दीक्षित हुआ होता? चालीस साल बुद्ध की सतत सान्निध्य में रहकर जिसका अहंकार न मिटा, वह बुद्ध के इनकार करने से उसका अहंकार मिटता? असंभव! वह दीक्षित तो होता ही नहीं, शायद बुद्ध के विपरीत हो जाता। वह खुद तो ज्ञान को उपलब्ध होता नहीं, शायद बुद्ध के विरोध में प्रचार करता और अनेकों को ज्ञान के मार्ग से जाने से रोकता।

बुद्ध की करुणा है कि वे झुके। और जो जानता है, वही झुक सकता है। जो नहीं जानता वह कैसे झुकेगा? जो जानता है वह झुकता है; ताकि धीरे-धीरे तुम्हें राजी करे, ताकि तुम भी झुकना सीख सको। ज्ञानी ही तुम्हारी शर्तें मानेगा क्योंकि तुम तो उसकी शर्तें समझ भी नहीं सकते; मानना तो बहुत दूर!

बुद्ध घर वापिस लौटे बारह वर्ष के बाद। तो बुद्ध ने आनंद से कहा, महल मुझे जाना होगा। यशोधरा बारह वर्ष से प्रतीक्षा करती है। मैं उसका पति न रहा, लेकिन वह अभी भी मेरी पत्नी है। यह ज्ञानी और अज्ञानी की समझ है। मैं उसका पति न रहा। अब तो मैं कुछ भी नहीं हूं। न किसी का पति हूं, न किसी का पिता हूं, न किसी का बेटा हूं, लेकिन वह अब भी

मेरी पत्नी है। उसका भाव अभी भी वही है। और वह नाराज बैठी है। बारह साल का क्रोध इकट्ठा है। और उसका क्रोध स्वाभाविक है क्योंकि एक रात अचानक मैं घर छोड़कर भाग गया उससे बिना कहे। वह माननीय है, राजघर की है, राजपुत्री है, बड़ी अहंकारी है। और उसको भारी आघात लगा है। उसने किसी से एक शब्द भी नहीं कहा, वह कोई छोटे घर की अकुलीन महिला नहीं है।

बुद्ध के जाने के बाद यशोधरा ने बुद्ध के खिलाफ एक शब्द नहीं कहा। बारह वर्ष चुप रही। इस बात को उठाया ही नहीं। बुद्ध के पिता भी चकित, बुद्ध के परिवार के और लोग भी चकित। साधारण घर की स्त्री होती, छाती पीटती, रोती, चिल्लाती, हल्की भी हो जाती। असाधारण थी। यह बात किसी और से कहने की तो थी ही नहीं। यह बुद्ध और उसके बीच का मामला था। मान! क्षत्रिय की लड़की, बड़े राजघर की पुत्री! आंसू कोई देखे यह तो बात समझ में नहीं आती थी। लेकिन मुस्कुराती रही। बच्चे को बड़ा किया। राहुल बारह वर्ष का हो गया। बेटे को भी कभी उसने कुछ नहीं कहा पिता के संबंध में। वह चुप ही रही, जैसे बात ही समाप्त। लेकिन भीतर तो आग जलती रही। बाहर निकल जाती तो हल्की हो जाती। भीतर तो बड़ा क्रोध इकट्ठा होता गया। और किसी पर निकाल भी नहीं सकती। यही आदमी जब मिलेगा तभी बात हो सकती है। दूसरे से तो अब कोई बात करने में कोई अर्थ भी नहीं है। दूसरे से तो अब कोई संबंध भी नहीं है।

तो बुद्ध ने कहा, 'वह प्रतीक्षा कर रही है, बारह साल का क्रोध है; मुझे जाना होगा'। सारा गांव बुद्ध को लेने आया था। पिता आये थे, परिवार के लोग आये थे, बुद्ध ने देखा लेकिन पत्नी वहां नहीं थी। बुद्ध ने कहा, 'वह आयेगी भी नहीं क्योंकि मैं ही उसे छोड़कर भागा हूं, जाना मुझे ही चाहिए।'

यह ज्ञानी झुकता है। अज्ञानी को उठाना हो तो ज्ञानी को झुकना पड़ता है। महल के भीतर जाकर बुद्ध ने आनंद से कहा कि तेरी चार शर्तें जो मैंने स्वीकार की हैं, अगर तू आज्ञा दे तो आज तू घड़ी भर मुझे अकेला छोड़ दे। क्योंकि मैं यशोधरा को जानता हूं। तेरे सामने उसकी आंख से आंसू न गिरेगा। तेरे सामने वह एक अभद्र शब्द मुझसे न बोलेगी। तेरे सामने वह शिष्टाचार कायम रखेगी। और यह जरा ज्यादती होगी मेरी तरफ से। तेरी मौजूदगी उसे हल्का न होने देगी। बारह साल उसने प्रतीक्षा की है। तू कृपा कर। अगर तू कर सके तो तू थोड़ा पीछे रुक जा, ताकि वह अकेले में पाकर अपने सारे क्रोध को निकाल दे।

यह एक ही मौका है, जब बुद्ध ने आनंद से आज्ञा मांगी—पुरानी जो प्रतिज्ञा थी, जो शब्द मानने थे उसके विपरीत। और आनंद ने भी यही सवाल उठाया कि परम ज्ञान को उपलब्ध होकर, बुद्धत्व को उपलब्ध होकर कौन पत्नी है? कौन पति? बुद्ध ने कहा, 'वह मैं जानता हूं, लेकिन यशोधरा नहीं जानती। यह मैं जानता हूं, लेकिन यशोधरा नहीं जानती। और वह भी एक दिन जान सके, इसके लिये मुझे दो-चार कदम उसकी तरफ चलने पड़ेंगे'।

बुद्ध गये। यशोधरा पागल हो उठी। चीखी, चिल्लाई, रोई, नाराज हुई, शिकायतें कीं। थोड़ी देर में उसे खयाल आया, लेकिन बुद्ध चुप खड़े हैं। उन्होंने एक भी बात का जवाब नहीं दिया। उसकी आंखें तो करीब-करीब अंधी थीं क्रोध से, कुछ दिखाई नहीं पड़ता था। आंसू जो बारह साल से रुके थे, वर्षा की तरह बह रहे थे।

उसने आंखें पोंछी और गौर से बुद्ध को देखा। और कहा कि बोलते क्यों नहीं? तुम्हारी जबान खो गई? तुम मुझसे पूछे होते, मैं तुम्हें आज्ञा देती। क्या तुम्हें इतना भरोसा नहीं था? मैं क्षत्रिय की पुत्री हूं। तुमने कहा होता, मुझे सब छोड़ना है, मुझे अकेले जाना है तो मैं मार्ग में बाधा नहीं बनती। या तुम कहते कि तुझे भी छोड़कर जाना है, तो मैंने वह भी किया होता। लेकिन यह थोड़ा ज्यादा था कि तुम चुपचाप चोर की तरह रात भाग गये। यह कैसा भरोसे का उल्लंघन? मैंने एक श्रद्धा रखी थी प्रेम पर, वह तुमने तोड़ी।'

बुद्ध उसकी बातें सुनते रहे। लेकिन उन्हें मौन देखकर उसने कहा, 'तुम चुप क्यों हो? तुम्हारी जबान खो गई?'

बुद्ध ने कहा कि 'नहीं ; तू अपना सब निकाल ले। तेरा रेचन हो जाए ताकि तू देख सके, कि जो आदमी बारह साल पहले इस घर को छोड़कर गया था, वही वापस नहीं लौटा है। तू किसी और से बातें कर रही है। जो भाग गया था, वह मैं नहीं हूं; क्योंकि वह आदमी तो खत्म हो गया, खो गया, मिट गया। अब यह कोई और आया है। तू उसको गौर से तभी देख पायेगी, तेरी आंख तभी खुलेगी, जब तेरा सारा भाव क्रोध का निकल जाए। तू निकाल ले, तू उसे रोक मत। तू शिष्टाचार को बाधा मत बनने दे। तुझे जो कहना हो तू कह ले ताकि तू हल्की हो जाए। और मैं आया इसीलिए हूं, कि इन बारह सालों में जो मैंने खोया, उसको तू पहचान ले; और जो मैंने पाया उसको तू देख ले। और उस आदमी की तरफ से मैं क्या जवाब दूं, जो तुझे छोड़कर भाग गया था, वह तो मर चुका और उस आदमी को अब तू कहीं भी न पा सकेगी। वह सपना टूट चुका। इसलिए अब कोई तुझे उत्तर देने वाला नहीं है। मैं तुझे उत्तर दे सकता हूं लेकिन वह उस आदमी का उत्तर नहीं है, क्योंकि वह धारा विछिन्न हो गई। यह अलग ही हूं मैं।

यशोधरा ने गौर से देखा, निश्चित यह ज्योतिर्मय पुरुष बिलकुल अन्य था। जिसे उसने जाना था, वासना से पीड़ित सिद्धार्थ को, यह वह नहीं था। जिसकी आंखों से वासना थी, जिसके शरीर में संसार का सब कुछ था, यह वह नहीं है। यह देह और है। यह काया और है। इन आंखों से कोई और बरस रहा है। और बुद्ध अपनी पत्नी से मिलने नहीं आये हैं; न अब बुद्ध पति हैं, न कोई पत्नी है। कोई सोया है उसे जगाने आये हैं।

पत्नी झुकी उनके चरणों में और संन्यस्त हुई; और उसने कहा कि मुझे भी मिटने का रास्ता दो। क्योंकि हो-होकर मैंने दुख ही पाया है; और लगता है, तुम्हें सुख का सूत्र मिल गया है। उसने अपने बेटे को भी आगे किया और कहा कि यह तुम्हारा बेटा है। बारह वर्ष पहले तुम इसे छोड़कर चले गये थे। इसके लिये कोई संपदा, पिता की धरोहर, परंपरा, वंशगत संपत्ति?

बुद्ध आनंद को पीछे छोड़ आये थे। उन्होंने आनंद को बुलाया और कहा, मेरा भिक्षापात्र! वह भिक्षापात्र राहुल को दिया और कहा तू भी दीक्षित हुआ क्योंकि यही मेरी संपदा है। बुद्धों के पास और कुछ देने को नहीं। न तो मैं तेरा पिता हूं, न तू मेरा बेटा है। यह नाता कभी था, वह सपना मेरा टूट गया, तेरा नहीं टूटा; लेकिन जिनका नहीं टूटा, उनको मैं सहारा दूंगा कि उनका सपना भी टूट जाए।

बारह साल का यह बेटा दीक्षित होकर भिक्षु हो गया, पत्नी भिक्षुणी हो गई। यशोधरा

निश्चित हिम्मत की महिला रही होगी। फिर हम उसके नाम की कोई खबर नहीं पाते। फिर क्या हुआ? बुद्ध की पत्नी थी। जो भूल आनंद ने की, वह भूल उसने नहीं की। बुद्ध की पत्नी थी, छा सकती थी पूरे संघ पर। घोषणा कर सकती थी अपनी महत्ता की; लेकिन फिर हमें कुछ पता नहीं चलता कि उसका क्या हुआ? यह आखिरी है उसके संबंध में कहानी। इसके बाद बौद्ध शास्त्र बिलकुल चुप हैं, फिर यशोधरा का क्या हुआ? राहुल का क्या हुआ? क्योंकि वह बुद्ध का बेटा था। मरने के बाद कह सकता था कि अब यह मैं अधिकारी हूं इस सारे विराट संगठन का। उसका कोई पता नहीं चलता। जो भूल आनंद ने की बड़े भाई होने की, वह भूल यशोधरा ने नहीं की, वह भूल राहुल ने नहीं की। उन्होंने इसे अनुग्रह समझा कि बुद्ध आये। न आते तो कोई बस न था। बुद्ध ने यह स्मरण रखा। सपने के साथियों को भी जगाने आये। यह अनुकंपा थी।

ज्ञानी झुकता है ताकि तुम्हें झुका सके।

ज्ञानी तुम्हारी शर्तों को राजी हो जाता है, ताकि तुम्हें अपनी शर्तों के लिए राजी कर सके। और निश्चित ही ज्ञानी को ही शुरुआंत करनी पड़ती है, क्योंकि तुम तो शुरुआत कैसे करोगे? तुम्हारे तो द्वार बंद हैं। ज्ञानी को ही पहले तुम्हारा द्वार खटखटाना पड़ता है। और तुम जहां खड़े हो, वहां से तुम्हारी मांग आती है। उसमें तुम्हारा कोई कसूर भी नहीं है। ज्ञानी जानता है कि तुम्हारी मांगें व्यर्थ हैं।

जैसे छोटे बच्चों की मांगें, तुम जानते हो व्यर्थ हैं। खिलौने मांगते हैं। लेकिन अगर बच्चों को कुछ सिखाना हो तो, खिलौनों से ही सिखाना शुरू करना पड़ता है। हम उन्हें खिलौने दे देते हैं, और खिलौनों के माध्यम से शिक्षा में प्रवेश कराते हैं। मान्टेसरी की सारी शिक्षा ज्ञानी और अज्ञानी के बीच भी घटती है। छोटे बच्चों को स्कूल में खिलौनों के प्रलोभन में बुला लिया जाता है। वह तो प्रलोभन है। जल्दी ही उन खिलौनों के पीछे से शिक्षा का सारा जगत प्रगट होगा। खिलौने खो जाएंगे।

जो मान्टेसरी ने बच्चों के लिए किया है, वही बुद्धों ने अज्ञानियों के लिए किया है। पहले तो खिलौने ही उनको बांटने होते हैं। खिलौनों के पीछे उनका राग बन जाता है, रस बन जाता है। उस रस से वे खिंचे चले आते हैं। और उन्हें पता नहीं कि इसी रस में उनका अहंकार घुल जाएगा, मिल जाएगा। अनंत में उनकी बूंद खो जाएगी, सागर बचेगा।

इसलिए बुद्ध ने शर्तें स्वीकार कर लीं, जानते हुए कि यही रास्ता है आनंद के लिये। लेकिन आनंद को कठिनाई हुई, वह अपने कारण। फिर भी चालीस साल कोई लंबा समय नहीं है। चालीस जन्म भी छोटे हैं। सत्य जब भी मिल जाए, तभी जल्दी है। निर्वाण की झलक जब भी आ जाए तभी शीघ्र है।

मेरे पास लोग आते हैं, वे पूछते हैं, कब समाधि की झलक मिलेगी? मैं उनसे कहता हूं, जल्दी ही। जो ज्यादा हिसाबी-किताबी हैं वे पूछते हैं, जल्दी ही का मतलब? कुछ साल, कुछ महीना, कुछ सप्ताह, कुछ दिन?

मैं उनसे कहता हूं, 'जब भी मिल जाए तभी जल्दी है। जन्मों-जन्मों के भी बाद मिले तो भी जल्दी है क्योंकि यह अनंत है व्यापार। इसमें समय का कुछ भी तो मूल्य नहीं है। तुम्हारे सत्तर साल का क्या मूल्य है? तुम्हारे सत्तर जीवन का भी कोई मूल्य नहीं है। इस अनंत

फैलाव में तुम एक बूंद भी तो नहीं हो। तो जब भी घटना घट जाए तभी जल्दी है। जब भी तुम जग जाओ तभी सबेरा है।

और ज्ञानी को ही पहले चरणों में झुकना होगा। तुम्हारी शर्तें उसे माननी होंगी। तुम्हारा अहंकार शर्तों के साथ आता है। तुम बेशर्त हो भी नहीं सकते। तुम छोटी-छोटी बात में शर्त रखे हुए हो। अगर तुम गुरु के चरण भी छूते हो तो भी तुम्हारी आंखें उठकर देखती हैं कि गुरु ने तुम्हारी अंदरूनी शर्तों को स्वीकार किया या नहीं? चाहे तुम उन शर्तों को बोले भी नहीं। गुरु ने तुम्हें गौर से देखा या नहीं? तुम्हें विशिष्टता दी या नहीं? तुम्हारी उपेक्षा तो नहीं हुई?

अहंकार उपेक्षा से सदा डरा हुआ है क्योंकि उपेक्षा में उसकी मृत्यु हो जाती है। अहंकार सदा चाहता है ध्यान; कोई ध्यान दे। इसलिए जब तुम्हें लोग ज्यादा ध्यान देते लगते हैं तब तुम्हें बड़ा मजा आता है। तुम कुछ भी करने को राजी हो—लोग ध्यान दें।

स्पेन में एक आदमी ने दस वर्ष पहले इकट्ठी सात हत्याएं कीं। गया समुद्र के तट पर और समुद्र के तट पर विश्राम करते लोगों को—जिनसे कोई परिचय भी नहीं, जिनको उसने इसके पहले कभी देखा भी नहीं, कुछ को तो उसने कभी नहीं देखा क्योंकि उनकी पीठ थी—उसने गोली मार दी। सात लोगों की हत्या करके वह पकड़ा गया। अदालत में जब उससे पूछा गया कि तुमने क्या किया?

तो उसने कहा कि मैं अखबार में बड़े-बड़े अक्षरों में छपा हुआ अपना नाम और प्रथम पृष्ठ पर अपनी तस्वीर देखना चाहता था। और मुझे कोई रास्ता नहीं सूझा। मरना बेहतर है, लेकिन बिना अखबार में छपे मरने से क्या सार? मैंने हत्यायें की हैं और मैं फांसी के लिये राजी हूं। लेकिन मैं प्रसन्न हूं। सारी दुनिया की नजर मेरी तरफ है। जगह-जगह मेरी चर्चा है। मैं ऐसे ही नहीं चला गया, चर्चित होकर गया हूं।

राजनेता की क्या खुशी है? धनपति का क्या रस है? सम्राटों का क्या मजा है? विशिष्टता का! सब का ध्यान उनकी तरफ लगा है। सब आंखें उनकी तरफ मुड़ी हुई हैं।

क्या मिलता होगा, जब आंखें तुम्हारी तरफ मुड़ती हैं? जब तुम रास्ते से चलते हो, कोई तुम्हारी तरफ देखता नहीं, जैसे तुम हो ही नहीं, क्या खोता है? तुम्हारा अहंकार दूसरों के ध्यान का भोजन करता है। जितने ज्यादा लोग तुम्हारी तरफ देखते हैं, जितनी आंखें तुम्हारी तरफ बहती हैं, उतना तुम्हारा अहंकार मजबूत होता है। जितना कोई तुम्हारी तरफ नहीं देखता, उतना तुम्हारा अहंकार मरने लगता है; उसकी सांसें घुटने लगती हैं। अगर कोई भी तुम्हारी तरफ न देखे और रास्ते से तुम ऐसे गुजर जाओ जैसे तुम थे ही नहीं, कितने दिन तुम जिंदा रह सकोगे अहंकार को लेकर?

गुरजिएफ एक प्रयोग कर रहा था। अपने तीस शिष्यों को लेकर टिफलीस के एक जंगल में गया। एक बंगले में उसने तीस शिष्यों को बंद किया और कहा कि यह साधना है तुम्हारी कि प्रत्येक यही समझे कि यहां अकेला है, उन्तीस नहीं। इसी तरह व्यवहार करो, कि यहां कोई और नहीं, तुम अकेले हो। न तो बोलना, न दूसरे की तरफ देखना, न कोई इशारा करना। चलते वक्त अगर दूसरे के पैर पर पैर भी पड़ जाए तो क्षमा मत मांगना; क्योंकि यहां कोई है ही नहीं। इशारे से भी क्षमा मत मांगना। आंख की मुद्रा से भी मत बताना कि दूसरा है। और तीन महीने में सब हो जाएगा, जिसकी तुम तलाश अनेक जन्मों से कर रहे हो।

लगेगा, तीन महीना सस्ता सौदा है। लेकिन तीन दिन मुश्किल हो गये। और गुरजिएफ ने कहा कि मैं तीसरे दिन के बाद जांच शुरू कर दूंगा। तीन दिन का मौका है तुम्हें व्यवस्थित हो जाने का कि तुम अकेले हो, दूसरा नहीं है। दूसरे की पूर्ण उपेक्षा। लेकिन दूसरे की पूर्ण उपेक्षा में दिक्कत भी नहीं है। तुम तो दूसरे की उपेक्षा करते ही हो। दिक्कत यह है कि तब दूसरा भी तुम्हारी उपेक्षा कर रहा है। उन्तीस लोग तुम्हारी उपेक्षा कर रहे हैं और तुम उन्तीस की।

लोगों ने सोचा था सरल है; उपेक्षा ही तो करनी है, उपेक्षा तो हम करते ही हैं। मालिक नौकर की उपेक्षा कर रहा है, तो पति पत्नी की उपेक्षा कर रहा है, मां बच्चों की उपेक्षा कर रही है। एक दूसरे की उपेक्षा कर रहे हैं। एक चारों तरफ दीवाल बना लेते हैं उपेक्षा की क्योंकि जितनी तुम दूसरे की उपेक्षा करते हो, उतना ही उसका अहंकार छोटा और तुम्हारा बड़ा होता है।

अहंकार चाहता है, सब मुझे ध्यान दें और मैं सब की उपेक्षा कर सकूं। तो सब ने सोचा था कि सरल है। उपेक्षा ही तो करनी है कि दूसरा नहीं है। यही तो हम जिंदगी भर किये हैं। लेकिन जल्दी ही एक घड़ी दो घड़ी में उनको पता चला कि मामला कठिन है क्योंकि हम ही उपेक्षा नहीं कर रहे हैं, वे उन्तीस भी हमारी उपेक्षा कर रहे हैं। और हमारी उपेक्षा तो एक की है, उन्तीस की उपेक्षा के मुकाबले तो हम मिट जाएंगे।

तीन दिन होते-होते सत्ताइस लोग भाग गये। परीक्षा के पहले ही भाग गये। तीन बचे; और वे तीन टिके तीन महीना। उनमें से एक आदमी ऑस्पेन्स्की था। उसने बाद में कहा कि उन तीन महीनों में जो घटा, उससे और श्रेष्ठ कुछ घट सकता है, इसकी हम आशा भी नहीं कर सकते।

क्या घटा उन तीन महीनों में? अहंकार मरता गया। रोज-रोज उसकी सांस कमजोर होती चली गई। मृत्यु शय्या पर पड़ गया। तीन महीने पूरे होते-होते तुम नहीं बचे क्योंकि तुम्हारे लिये दूसरे की मौजूदगी जरूरी है। वह तुम्हें उकसाता रहे। जैसे आग, अगर कोई भी उसको उकसाये ना, तो धीरे-धीरे राख में दब जाती है। अंगारा धीरे-धीरे बुझ जाता है। तुम्हारे अहंकार को प्रतिपल कोई उकसावा चाहिए। कोई सहारा देता रहे, राख झाड़ता रहे, अंगारे को जगाता रहे। नया ईंधन डालता रहे। तीन महीने में सब बुझ गया।

तीन महीने बाद गुरजिएफ जब उस मकान में गया तो वहां सन्नाटा था, जैसे कोई भी न हो। तीन आदमी वहां थे, लेकिन वहां जैसे कोई भी न हो, ऐसा शून्य था। क्योंकि तुम्हारे विचार की तरंगें चारों तरफ कोलाहल पैदा करती हैं। तुम चाहे न भी बोलो, तुम्हारा अहंकार उपद्रव पैदा करता रहता है। चाहे तुम कहो भी न! अगर तुम अहंकारी आदमी के पास खड़े हो, वह कुछ भी न कहे तो भी तुम पाओगे कि तुम्हें वह तकलीफ दे रहा है।

तुम अहंकारी हो, तुम किसी के पास खड़े हो; कुछ भी नहीं कहते, लेकिन खड़े होकर तुम तकलीफ देना शुरू कर देते हो। तुम सताना शुरू कर देते हो। यह बड़ा सूक्ष्म है। तुम्हारी तरंगें उसको दबोचने लगती हैं। अहंकारी आदमी के पास ज्यादा देर बैठने पर तुम थके-मांदे लौटोगे क्योंकि वह दोहरे काम कर रहा है, तुम्हारी गर्दन दबा रहा है और तुम्हारे ध्यान को खींचकर शोषण कर रहा है।

तीन महीने में यह तीन आदमी मिट गये। इन्हें पहली झलक मिली ना-कुछ होने की।

जब तुम ना-कुछ होते हो, तब सब कुछ की झलक मिलती है। जब तुम शून्य होते हो तब सर्व प्रगट होता है। जहां तुम नहीं हो, वहां पूर्ण विराजमान हो जाता है।

खाली करो सिंहासन। क्योंकि उस सिंहासन पर दो नहीं बैठ सकते; या तो तुम या परमात्मा। उतरो सिंहासन से नीचे; और तुम अचानक पाओगे, परमात्मा वहां विराजमान है। मिटना ही राज है पाने का। अनुग्रह, प्रसाद; प्रयास नहीं।

इसलिए झेन फकीर कहते हैं, 'एफर्टलेसनेस', प्रयत्नशून्यता द्वार है। तुमने कोशिश की और तुमने खोया। तुमने पाने की चेष्टा की और तुम भटके। तुम चले और रास्ता भटका। तुम चलो ही मत। तुम हो ही नहीं।

अगर एक भाव को तुम जगा सको कि 'मैं नहीं हूं।' चौबीस घंटे प्रयोग करके देखो। चलो, जैसे कोई चलने वाला नहीं। भोजन करो, जैसे कोई भोजन करने वाला नहीं। रास्ते पर देखो, जैसे कोई देखने वाला नहीं। खाली आंखें, खाली हृदय, खाली मन!

चौबीस घंटे—और तुम पाओगे, तुम्हारे जीवन में ऐसी शांति आने लगी, जिससे तुम अपरिचित हो। और ऐसे रस की धारा बहने लगी, जिसे तुमने कभी नहीं चखा था। और तुम्हारे भीतर कोई नया प्रकाश फूटने लगा। बिन बाती बिन तेल कोई दीया तुम्हारे भीतर जल रहा है।

पर तुम मिटो, तो ही तुम उसे पहचान सकते हो।

आज इतना ही।

मूल पुस्तक 'बिन बाती बिन तेल' का तेरहवां प्रवचन

चौथा प्रवचन

जो जगाये, वही गुरु

भगवान!
गुरु पूर्णिमा के इस पवित्र अवसर पर हमारे शत-शत नमन स्वीकार करें।
भगवान! एक सद्‌गुरु ने अपने शिष्य को आवाज दी, 'होशिन!'
गुरु का नाम था कोकुशी।
गुरु की आवाज पर शिष्य ने कहा, 'जी।'
कोकुशी ने दुबारा पुकारा, 'होशिन!'
और शिष्य ने फिर कहा, 'जी।'
लेकिन गुरु ने तीसरी बार भी आवाज दी, 'होशिन!'
और होशिन फिर बोला, 'जी।'
कोकुशी ने तब होशिन से कहा,
'इस भांति बार-बार पुकारने के लिये मुझे तुमसे क्षमा मांगनी चाहिये,
लेकिन वस्तुतः तो तुम्हीं मुझसे क्षमा मांगो तो ठीक है।'
भगवान! इस कथा का मर्म बताने की कृपा करें।

नींद बहुत गहरी है। शायद नींद कहना भी ठीक नहीं, बेहोशी है। कितना ही पुकारो, नींद के परदे के पार आवाज नहीं पहुंचती। चीखो और चिल्लाओ भी, द्वार खटखटाओ, सपने काफी मजबूत हैं। थोड़े हिलते हैं, फिर वापिस अपने स्थान पर जम जाते हैं।

गुरु का एक ही अर्थ है: तुम्हारी नींद को तोड़ देना। तुम्हें जगा दे, तुम्हारे सपने बिखर जाएं, तुम होश से भर जाओ।

निश्चित ही काम कठिन है। और न केवल कठिन है बल्कि शिष्य को निरंतर लगेगा कि गुरु विघ्न डालता है।

जब तुम्हें कोई साधारण नींद से भी उठाता है तब भी तुम्हें लगता है, उठानेवाला मित्र नहीं, शत्रु है। नींद प्यारी है। और यह भी हो सकता है कि तुम एक सुखद सपना देख रहे हो और चाहते थे कि सपना जारी रहे। उठने का मन नहीं होता। मन सदा सोने का ही होता है।

मन आलस्य का सूत्र है। इसलिए जो भी तुम्हें झकझोरता है, जगाता है, बुरा मालूम पड़ता है। जो तुम्हें सांत्वना देता है, गीत गाता है, सुलाता है, वह तुम्हें भला मालूम पड़ता है। सांत्वना की तुम तलाश कर रहे हो, सत्य की नहीं। और इसलिए तुम्हारी सांत्वना की तलाश के कारण ही दुनिया में सौ गुरुओं में निन्यान्नबे गुरु झूठे ही होते हैं। क्योंकि जब तुम कुछ मांगते हो तो कोई न कोई उसकी पूर्ति करनेवाला पैदा हो जाता है। असदगुरु जीता है क्योंकि शिष्य कुछ गलत मांग रहे हैं; खोजनेवाले कुछ गलत खोज रहे हैं।

अर्थशास्त्र का छोटा-सा नियम है—'मांग से पूर्ति पैदा होगी': डिमांड क्रिएट्स द सप्लाय।

अगर हजारों, लाखों, करोड़ों लोगों की मांग सांत्वना की है तो कोई न कोई तुम्हें सांत्वना देने को राजी हो जाएगा। तुम्हारी सांत्वना का शोषण करने को कोई न कोई राजी हो जाएगा। कोई न कोई तुम्हें गीत गाएगा, तुम्हें सुलाएगा। कोई न कोई लोरी गानेवाला तुम्हें मिल ही जाएगा, जिससे तुम्हारी नींद और गहरी हो, सपना और मजबूत हो जाए।

जिस गुरु के पास जाकर तुम्हें नींद गहरी होती मालूम हो, वहां से भागना; वहां एक क्षण रुकना मत। जो तुम्हें झकझोरता न हो, जो तुम्हें मिटाने को तैयार न बैठा हो, जो तुम्हें काट ही न डाले, उससे तुम बचना।

जीसस का एक वचन है कि लोग कहते हैं कि मैं शांति लाया हूं लेकिन मैं तुमसे कहता हूं, मैं तलवार लेकर आया हूं।

इस वचन के कारण बड़ी ईसाइयों को कठिनाई रही। क्योंकि एक ओर जीसस कहते हैं कि अगर कोई तुम्हारे एक गाल पर चांटा मारे, तुम दूसरा भी उसके सामने कर देना। जो तुम्हारा कोट छीन ले, तुम कमीज भी उसे दे देना। और जो तुम्हें मजबूर करे एक मील तक अपना वजन ढोने के लिए, तुम दो मील तक उसके साथ चले जाना।

ऐसा शांतिप्रिय व्यक्ति जो कलह पैदा करना ही न चाहे, जो सब सहने को राजी हो, वह कहता है, मैं शांति लेकर नहीं, तलवार लेकर आया हूं। यह तलवार किस तरह की है? यह तलवार गुरु की तलवार है। इस तलवार का उस तलवार से कोई भी संबंध नहीं, जो तुमने सैनिक की कमर पर बंधी देखी है। यह तलवार कोई प्रगट में दिखाई पड़नेवाली तलवार नहीं। यह तुम्हें मारेगी भी और तुम्हारे खून की एक बूंद भी न गिरेगी। यह तुम्हें काट भी डालेगी और तुम मरोगे भी नहीं। यह तुम्हें जलाएगी, लेकिन तुम्हारा कचरा ही जलेगा, तुम्हारा सोना निखरकर बाहर आ जाएगा।

हर गुरु के हाथ में तलवार है। और जो गुरु तुम्हें जगाना चाहेगा, वह तुम्हें शत्रु जैसा मालूम होगा। फिर तुम्हारी नींद आज की नहीं, बहुत पुरानी है। फिर तुम्हारी नींद सिर्फ नींद नहीं है, उस नींद में तुम्हारा लोभ, तुम्हारा मोह, तुम्हारा राग, सभी कुछ जुड़ा है। तुम्हारी आशाएं, आकांक्षाएं सब उस नींद में संयुक्त हैं। तुम्हारा भविष्य, तुम्हारे स्वर्ग, तुम्हारे मोक्ष, सभी उस नींद में अपनी जड़ों को जमाए बैठे हैं। और जब नींद टूटती है तो सभी टूट जाता है।

तुम ध्यान रखना, तुम्हारी नींद टूटेगी तो तुम्हारा संसार ही छूट जाएगा ऐसा नहीं। जिसे तुमने कल तक परमात्मा जाना था वह भी छूट जाएगा। नींद में जाने गए परमात्मा की कितनी सचाई हो सकती है? तुम्हारी दुकान तो छूटेगी ही, तुम्हारे मंदिर भी न बचेंगे। क्योंकि नींद में ही दुकान बनाई थी, नींद में ही मंदिर तय किए थे। जब नींद की दुकान गलत थी तो नींद के मंदिर कैसे सही होंगे? तुम्हारी व्यर्थ की बकवास ही न छूटेगी, तुम्हारे शास्त्र भी दो कौड़ी के हो जाएंगे। क्योंकि नींद में ही तुमने उन शास्त्रों को पढ़ा था, नींद में ही तुमने उन्हें कंठस्थ किया था, नींद में ही तुमने उनकी व्याख्या की थी। और तुम्हारे दुकान पर रखे खाते-बही अगर गलत थे तो तुम्हारी गीता, तुम्हारी कुरान, तुम्हारी बाइबिल भी सही नहीं हो सकती।

नींद अगर गलत है तो नींद का सारा फैलाव गलत है। इसलिए गुरु तुम्हारी जब नींद छीनेगा तो तुम्हारा संसार ही नहीं छीनता, तुम्हारा मोक्ष भी छीन लेगा। वह तुमसे तुम्हारा धन ही नहीं छीनता, तुमसे तुम्हारा धर्म भी छीन लेगा।

कृष्ण ने अर्जुन को गीता में कहा है: सर्वधर्मान् परित्यज्य—'तू सब धर्मों को छोड़कर मेरी शरण आ जा।'

तुम हिंदू हो, गुरु के पास जाते ही तुम हिंदू न रह जाओगे। और अगर तुम हिंदू रह गए तो समझना गुरु झूठा है। तुम मुसलमान हो, गुरु के पास जाते ही तुम मुसलमान न रह जाओगे। अगर फिर भी तुम्हें मुसलमानियत प्यारी रही तो समझना, तुम गलत जगह पहुंच गए। तुम जैन हो, बौद्ध हो, या कोई भी हो, गुरु तुमसे कहेगा, 'सर्वधर्मान् परित्यज्य!' सब धर्म को छोड़कर तू मेरे पास आ जा।

धर्म तो अंधे की लकड़ी है। उससे वह टटोलता है। शास्त्र तो नासमझ के शब्द हैं। जो नहीं जानता, वह सिद्धांतों से तृप्त होता है। गुरु के पास पहुंचकर तुम्हारे शास्त्र, तुम्हारे धर्म, तुम्हारी मस्जिद, मंदिर, तुम खुद, तुम्हारा सब छिन जाएगा।

इसलिए गुरु के पास जाना बड़े से बड़ा साहस है। और गुरु के पास पहुंचकर टिक जाना सिर्फ थोड़े से लोगों की हिम्मत का काम है। लोग आते हैं और जाते हैं। आते हैं और भागते हैं। जैसे ही नींद पर चोट होती है, वैसे ही बेचैनी शुरू हो जाती है। जब तक तुम उन्हें फुसलाओ, थपथपाओ, लोरी सुनाओ, जब तक उनकी नींद को तुम गहरा करो, तब तक वे प्रसन्न हैं। जैसे ही तुम उन्हें हिलाओ, वैसे ही बेचैनी शुरू हो जाती है।

तुमने अकारण ही जीसस को सूली नहीं दी। और तुमने सुकरात को व्यर्थ ही जहर नहीं पिलाया। जीसस को सूली देनी पड़ती है क्योंकि यह आदमी तुम्हें सोने नहीं देता। तुम थके-मांदे हो, तुम नींद में उतरना चाहते हो। तुम इतने बेचैन और परेशान हो, तुम चाहते हो थोड़ी देर शांति मिल जाए, खो जाऊं, बेहोशी आ जाए। अगर ठीक से समझो तो संसार की सारी खोज बेहोशी की खोज है। कोई शराब से खोजता है, कोई संगीत से खोजता है, कोई संभोग से खोजता है और कुछ नासमझ ध्यान से भी उसी को खोजते हैं—किसी तरह तुम भूल जाओ कि तुम हो।

गुरु तुम्हें जगाएगा और याद दिलाएगा कि तुम हो। गुरु तुम्हारे नशे को तोड़ेगा, तुमसे शराब छीन लेगा। तुमसे सारी मादकता छीन लेगा। तुम्हारा भजन, तुम्हारा कीर्तन, तुम्हारा नाम-स्मरण, तुम्हारे मंत्र, सब छीन लेगा ताकि तुम्हारे पास सोने का कोई भी उपाय न रह जाए। तुम्हें जागना ही पड़े। तुम्हें पूरी तरह जागना होगा ताकि तुम जान सको, तुम कौन हो।

उस प्रतीति से ही पुरानी नींद की दुनिया का अंत, और एक नये जगत का प्रारंभ होता है। उस नये जगत का नाम मोक्ष है। नींद में देखा गया कोई सपना नहीं, नींद जब टूट जाती है तब जिसकी प्रतीति होती है, उसी का नाम परमात्मा है। नींद में की गई प्रार्थना नहीं, जब नींद नहीं रह जाती तब तुम्हारी जो भावदशा होती है, उसका नाम ही प्रार्थना है।

यह छोटी-सी झेन कथा बड़ी सांकेतिक है। निश्चित ही शिष्य को लगा होगा कि यह गुरु क्या कर रहा है?

पुकारा एक बार—'होशिन!'

एक बार क्षम्य है बात। सोचा होगा होशिन ने, कुछ काम है; लेकिन ध्यान रहे, कोई भी गुरु तुम्हें किसी काम से नहीं पुकार रहा है। अगर काम दे भी रहा हो तो वह सिर्फ बहाना है ताकि तुम्हें पुकार सके।

पहली तो बात यह समझ लेना कि गुरु तुम्हें पुकार रहा है बिना काम के, अकारण। संसार में जितनी पुकारें हैं, वे सब सकारण हैं। पत्नी तुम्हें बुला रही है, उसमें कारण है। पति बुला रहा है, उसमें कारण है। बेटा बुला रहा है, उसमें कारण है। एक छोटा-सा निर्दोष बच्चा भी बुला रहा है तो उसमें कारण है। उसकी निर्दोषता भी अकारण नहीं। वह भी भूखा है, तो मां को चिल्ला रहा है, आवाज दे रहा है। उसमें प्रयोजन है, उसमें स्वार्थ है।

मैंने सुना है, एक आदमी सांझ घर लौटा। उसकी पत्नी जार-जार रो रही है, आंख से आंसू गिर रहे हैं, वह आदमी बैठकर चुपचाप अखबार पढ़ने लगा। उसकी पत्नी ने कहा, कम से कम यह तो पूछो कि मैं क्यों रो रही हूं? उसने कहा, यही पूछ-पूछकर मेरा दिवाला निकल गया है। रो रही है तो मतलब साफ है। कोई न कोई झंझट है, कोई न कोई मांग है। यही पूछ-पूछकर मेरा दिवाला निकला जा रहा है कि क्यों रो रही है? अब मैंने यह पूछना ही बंद कर दिया।

हम रो भी रहे हैं, हंस भी रहे हैं, आवाज भी दे रहे हैं तो सकारण है; उसमें कोई प्रयोजन है। अकारण तुम तो रास्ते पर किसी से नमस्कार भी नहीं करते। अकारण तो तुम मुस्कुराते भी नहीं हो, आवाज देने का श्रम तुम क्यों उठाओगे?

इस संसार में गूंजती आवाजों से गुरु की आवाज मूलतः पृथक है। उसका गुणधर्म अलग है। पहला गुणधर्म, कि वह किसी काम से नहीं बुला रहा है। वह तुम्हें बेकाम बुला रहा है। वह तुम्हें जगाने के लिए बुला रहा है, किसी काम से नहीं बुला रहा।

'होशिन!' गुरु ने कहा।

सोचा होगा शिष्य ने, कोई काम है। उसने कहा, 'जी।'

प्रतीक्षा की होगी। और गुरु चुप हो गया, काम कुछ बताया न गया। होशिन बेबूझ हो गया होगा। फिर झपकी लग गई होगी।

थोड़ी देर में गुरु ने फिर बुलाया, 'होशिन!'

उसने फिर नींद से चौंककर उत्तर दिया, 'जी।'

सोचा होगा शायद गुरु काम भूला गया, अब शायद कोई काम होगा! लेकिन गुरु फिर चुप हो गया। फिर झपकी लग गई होगी। तीसरी बार गुरु ने फिर आवाज दी, 'होशिन!' उसने फिर कहा, 'जी।'

हैरान हुआ होगा मन में। यह गुरु पागल तो नहीं हो गया? बुलाता है, लेकिन बुलाने पर कभी पूर्ण-विराम तो होता नहीं; बुलाने के आगे बात चलती है। इसका बुलाने पर पूर्ण-विराम हो जाता है। 'होशिन!'—जैसे बात खतम हो गई। जैसे बुलाने के लिए ही बुला रहा हो। जैसे बुलाने से कोई और यात्रा न निकलती हो।

गुरु का बुलाना किसी वासना की पुकार नहीं है, कोई मांग नहीं है। गुरु का बुलाना अपने आप में पूरा है। वह तुम्हें कहीं और ले जाना नहीं चाहता। कुछ पाने में नहीं लगाना चाहता। कोई और खोज पर नहीं ले जाना चाहता। उसके बुलाने में ही बात पूरी हो गई। उसका बुलाना अगर तुम समझ सको तो ध्यान बन जाए। उसकी पुकार तुम्हारे भीतर तंद्रा को तोड़ दे। 'होशिन!'—उस एक क्षण में होशिन के विचार भी बंद हो जाते होंगे। तभी तो कह पाता है, 'जी।'

उस एक क्षण में सजग हो जाता होगा। उस एक क्षण में उसकी रीढ़ सीधी हो जाती होगी। एक क्षण को विचार की तंद्रा खो जाती होगी, धुआं हट जाता होगा, बादल विलीन हो जाते होंगे। एक क्षण को भीतर का नीला आकाश झांकता होगा। उसी नीले आकाश से तो 'जी' निकलता है।

अगर होशिन खोया ही रहे तो पता ही नहीं चलेगा गुरु ने कब बुलाया! पता ही नहीं चलेगा कोई बुला रहा है, या नहीं बुला रहा है। होशिन अगर खोया ही रहे, अपनी तंद्रा में डूबा ही रहे, तो यह आवाज़ तीर की तरह भीतर प्रवेश न करेगी। लेकिन होशिन चकित जरूर होगा, चिंतित भी होगा। गुरु बुलाता है और चुप हो जाता है।

गुरु अकसर...अकसर पागल मालूम होगा, तुम पागलों की दुनिया में—यह उसकी नियति है। वह पागल मालूम होगा। पागलों के बीच में जो होशपूर्ण है, वह पागल मालूम होगा ही।

होशिन भी सोच रहा होगा, गुरु को क्या हो गया है? आवाज देता है और चुप हो जाता है; यह कैसी आवाज?

हम समझ पाते हैं किसी भी चीज को, अगर उसमें शृंखला हो। हम उस रास्ते को समझ पाते हैं, जो कहीं पहुंचता हो, कोई मंजिल हो। लेकिन रास्ता हो और कहीं न जाता हो तो हम बड़ी विडंबना में पड़ जाते हैं। होशिन विडंबना में पड़ गया होगा। इसलिए गुरु ने उसकी भीतरी विडंबना को देखकर कहा कि 'होशिन, मुझे तुझसे क्षमा मांगनी चाहिए।'

बहुत बार गुरु तुमसे कहेगा कि होशिन, मुझे तुमसे क्षमा मांगनी चाहिए, क्योंकि मैं तुम्हारी नींद तोड़ रहा हूं। और अकारण तोड़ रहा हूं; कोई काम भी नहीं है। कोई वासना, कोई इच्छा का संबंध भी नहीं। मैं तुमसे कुछ चाहता भी नहीं। मेरी कोई मांग भी नहीं। तुम्हारा किसी भांति का कोई शोषण नहीं करना है, फिर भी तुम्हें पुकार रहा हूं; फिर भी तुम्हें बुला रहा हूं। मुझे तुमसे क्षमा मांगनी चाहिए।

होशिन के चेहरे पर प्रसन्नता आई होगी कि बात तो ठीक ही है। बेकार बुला रहे हो।

हम समझ लेते हैं, जब कोई काम हो। जहां भी निष्काम कुछ हो, हमारी समझ के बाहर हो जाता है। हम तो परमात्मा का भी विचार करते हैं तो सोचते हैं, उसने जगत को किसी काम से बनाया होगा; उसका कोई प्रयोजन होगा।

लोग मेरे पास आते हैं, वे कहते हैं, परमात्मा ने यह सृष्टि किस प्रयोजन से बनाई? इसका क्या अर्थ है? क्या अभिप्राय है? जरूर कोई छिपा हुआ अभिप्राय होना चाहिए।

हम अपनी ही प्रतिमा में परमात्मा को सोचते हैं। हम बिना काम एक कदम न उठाएंगे। हम बिना काम आंख भी न हिलाएंगे। तो इतना बड़ा विराट आयोजन! जरूर पीछे कुछ धंधा होगा। कोई प्रयोजन होगा।

और जिस व्यक्ति ने भी परमात्मा के संबंध में प्रयोजन पूछा, थोड़े दिन में पाएगा प्रयोजन तो रह गया, परमात्मा खो गया। ऐसा व्यक्ति आज नहीं कल नास्तिक हो जाएगा, जो प्रयोजन पूछेगा। क्योंकि प्रयोजन यहां है नहीं। और तुम ऐसे परमात्मा को मान न सकोगे, जो निष्प्रयोजन हो।

हिंदुओं ने बड़ी हिम्मत की है। वैसी हिम्मत पृथ्वी पर कहीं भी नहीं पाई गई। उन्होंने यह

कहा कि यह लीला है। यह कोई परमात्मा का काम नहीं है। इसमें कुछ है नहीं, इसमें कुछ पाने को नहीं है; यह जगत कहीं जा नहीं रहा है। यह जगत हो रहा है, लेकिन कहीं जा नहीं रहा है। यह रास्ता कहीं पहुंचता नहीं—है।

एक भिखारी एक रास्ते के किनारे बैठा है और एक राह भटक गए यात्री ने उससे पूछा कि क्या तुम बता सकोगे, यह रास्ता कहां जा रहा है? उस भिखारी ने कहा, मैं कई साल से यहां रह रहा हूं; रास्ते को मैंने कहीं जाते नहीं देखा। हां, लोग इस पर आते-जाते हैं। परमात्मा कहीं भी नहीं जा रहा है, तुम आते-जाते हो। रास्ता अपनी ही जगह है; उस भिखारी ने कहा, जहां तक मेरी समझ है।

परमात्मा अपनी ही जगह है; कहीं आ नहीं रहा, कहीं जा नहीं रहा। लेकिन तुम उस पर काफी यात्रा करते हो—कभी इस दिशा में, कभी उस दिशा में, कभी धन की तरफ, कभी त्याग की तरफ; कभी भोग के लिए, कभी योग के लिए; लेकिन रुकते तुम नहीं। चाहे भोग हो तो भी तुम दौड़ते हो; चाहे योग हो तो भी तुम दौड़ते हो। तुम्हारा श्रम जारी रहता है।

और तुम परमात्मा को उसी दिन समझ पाओगे, जिस दिन तुम भी इस रास्ते की भांति हो जाओ, जो कहीं भी आता नहीं, जाता नहीं, जो सिर्फ है। जिस दिन तुम्हारी वासना गिरेगी, जिस दिन न योग तुम्हें बुलाएगा, न भोग; न जिस दिन संसार तुम्हें खींचेगा, न मोक्ष; जिस दिन तुम जाने की बात ही छोड़ दोगे, जिस दिन तुम पूर्ण-विराम हो जाओगे, तुम जहां हो वहीं पूर्ण-विराम हो जाएगा।

गुरु ने पुकारा, 'होशिन' और पूर्ण-विराम हो गया। यह पुकार निष्प्रयोजन है। यह पुकार लीला है। यह पुकार एक खेल है।

होशिन के भीतर जगी चिंता को देखकर गुरु ने कहा, मुझे तुझसे क्षमा मांगनी चाहिए। अकारण ही तुझे जगाता हूं, सोने नहीं देता। कारण भी हो तो क्षम्य है, व्यर्थ ही तुझे हिलाता हूं। न उठकर दुकान खोलनी है, न बाजार जाना है, न नौकरी पर जाना है, फिर भी तुझे उठाता हूं। तुझे सोने नहीं देता। मुझे तुझसे क्षमा मांग लेनी चाहिए।

होशिन के मन में चिंता कम हुई होगी। लगा होगा, गुरु ठीक ही कह रहा है, क्षमा तो मांगनी ही चाहिए। बैठने भी नहीं देता शांति से। अकारण 'होशिन, होशिन, होशिन', लगाए हुए है। सोचने भी नहीं देता शांति से; भीतर भी विघ्न खड़ा कर देता है।

लेकिन तत्क्षण गुरु ने कहा, लेकिन वस्तुतः तो तुझे ही मुझसे क्षमा मांगनी चाहिए। तीन बार बुलाना पड़ा क्योंकि एक बार बुलाने से काम न चला। तूने 'जी' कहा जरूर, लेकिन करवट ली और तू फिर सो गया; दुबारा इसलिए बुलाना पड़ा। वस्तुतः तो तुझे ही क्षमा मांगनी चाहिए क्योंकि तेरी नींद के लिए तू ही जिम्मेवार है। तेरे आलस्य के लिए तू ही आधार है। तीसरी बार बुलाना पड़ा, फिर भी तू करवट लेता है और सो जाता है।

तीन हजार बार भी बुलाना पड़े तो गुरु थकता नहीं। जिस दिन तुम जागोगे, उस दिन तुम क्षमा मांगोगे। तुम कहोगे कि एक ही आवाज में जो बात हो जानी चाहिए थी, उसके लिए अकारण तीन हजार बार तुम्हें दोहराना पड़ा।

बुद्ध के पास कोई आता, कुछ पूछता, बुद्ध कोई उत्तर देते तो हमेशा तीन बार दोहराते। कोई पूछता, निर्वाण है? तो बुद्ध कहते— 'है'। फिर जैसे भूल गए हों कि अभी कहा है,

फिर से कहते— 'है'। फिर जैसे भूल गए हों कि अभी कहा, फिर से कहते— 'है'।

जिन लोगों ने बौद्ध शास्त्रों का संकलन किया उनको बड़ी कठिनाई मालूम पड़ी। कि अब इस तरह लिखेंगे तो शास्त्र तीन गुने हो जाते हैं। व्यर्थ ही शास्त्र बड़ा हो जाता है और पढ़नेवाले को असुविधा होती है। जो काम एक ही 'है' से हो सकता है, बुद्ध तीन दफे 'है' कहते हैं।

तो बौद्ध शास्त्रकारों ने चिह्न बना लिए हैं: 'है'—और चिह्न बना दिया—'तीन बार'। तीन का चिह्न बना दिया है। 'है—तीन बार'; ताकि तीन बार लिखना न पड़े। शास्त्रकार ज्यादा बुद्धिमान मालूम पड़ते हैं।

लेकिन बुद्ध से किसी ने पूछा कि मैं पूछता हूं एक बार, तुम कहते हो तीन बार; बात क्या है? बुद्ध ने कहा, तीन बार में भी कोई सुन ले तो अनूठा है, अद्वितीय है। तीन बार में भी कौन सुनता है? तुम वहां मौजूद भी नहीं हो सुनने को। तुमने प्रश्न पूछा कि तुम सो गये। तुम प्रश्न भी शायद नींद में पूछते हो।

जैसे छोटा बच्चा भूखा हो और नींद में रोता हो, आवाज करता हो; दूध पिला दिया और सो जाता हो। न उसे पता चलता है भूख का, और न पता चलता है उसे दूध का। दोनों ही कृत्य नींद में हो जाते हैं। जैसे शराबी रास्ते पर चलता है; डगमगाता है, फिर भी चल लेता है। ऐसा ही तुम्हारा जीवन है; ऐसा ही तुम्हारा चलना है; ऐसा ही तुम्हारा होश है—डगमगाता हुआ।

बुद्ध कहते हैं, कि तीन बार में भी कोई सुन ले तो उसने जल्दी सुन लिया।

इस सदगुरु ने कहा, 'होशिन, ऊपर से देखने पर तो मुझे तुझसे क्षमा मांगनी चाहिए; लेकिन भीतर से देखने पर तू ही मुझसे क्षमा मांग।'

कहानी पूरी हो जाती है। बहुत-सी बातें हैं। झेन छोटी-छोटी कहानियों में कहता है। शायद कहानियां छोटी इसीलिए हैं कि उतनी देर शायद तुम होश से सुन पाओ। ज्यादा देर तो तुम होश से सुन भी न पाओगे।

मैंने सुना है, एक आदमी से उसका डाक्टर पूछ रहा था कि रविवार को तो छुट्टी रहती है, रविवार की सुबह तुम कितनी देर तक सोते हो? उस आदमी ने कहा, 'इट डिपेंड्स'। यह निर्भर करता है कि चर्च में प्रवचन कितनी देर चला! उतनी देर सोता हूं।

मंदिर जगाने को है लेकिन वहां भी लोग सो रहे हैं! चर्च जगाने को है लेकिन वहां भी लोग नींद ले रहे हैं! हम इतने कुशल हैं कि हम जागरण की दवाइयों का उपयोग भी निद्रा की दवाइयों की तरह कर लेते हैं। हम अपनी नींद में सभी कुछ समाहित कर लेते हैं—चर्च हो, मंदिर हो, मस्जिद हो, हम सबको अपनी नींद में डुबा लेते हैं। हमारी नींद बड़ी विकराल है, विराट है। और कोई अगर हम पर सतत ही चोट न करता रहे तो शायद हम जाग भी न सकेंगे।

इसलिए सभी पुराने अनुभवियों ने कहा है, गुरु के बिना ज्ञान न होगा। गुरु के साथ हो जाए तो भी अनूठी घटना है। गुरु के बिना तो होगा नहीं। गुरु का इतना ही मतलब है कि कोई तुम्हारे द्वार पर चोट किये ही चला जाए। यह चोट विनम्र ही होगी। यह चोट कोई आक्रामक नहीं हो सकती। यह चोट पानी की तरह होगी। जैसे पानी चट्टान पर गिरता है।

'होशिन'—यह गुरु की आवाज तो बहुत कठोर नहीं हो सकती। गुरु कठोर हो नहीं सकता। यह 'होशिन' की आवाज पानी की तरह पत्थर पर गिरेगी। लेकिन गुरु इसे दोहराता रहेगा। यह धीमी और मधुर आवाज पत्थर को भी काट डालेगी।

लाओत्से ने कहा है, गुरु पानी की तरह है, तुम पत्थर की तरह हो। लेकिन ध्यान रखना, आखिर में तुम ही हारोगे। तुम्हारी मजबूती बहुत ज्यादा काम न आएगी। पानी गिरता रहेगा। मृदु है उसकी चोट; उस चोट में कोई हथौड़े की चोट नहीं है, लेकिन आज नहीं कल चट्टान टूटती जाएगी, रेत हो जाएगी। आज नहीं कल तुम पाओगे कि चट्टान समाप्त हो गई, पानी अब भी बह रहा है।

गुरु की चोट तो मधुर है लेकिन गहरी है। और मधुर उस अर्थ में है—इस अर्थ में नहीं कि मीठी है और तुम्हारी नींद को सहयोगी होगी—मधुर इस कारण है कि उसकी करुणा से निकली है।

वासना की सब चोट कठोर होती है क्योंकि वासना से जो भी आवाज निकलती है, उस आवाज को तुमसे प्रयोजन नहीं होता। चाहे प्रेमी अपनी प्रेयसी को कहता हो, चाहे मां अपने बेटे को कहती हो, पति अपनी पत्नी को कहता हो, लेकिन उस आवाज में, उस पुकार में दूसरा साधन है, मैं स्वयं साध्य हूं। वासना में मैं दूसरे का उपयोग कर रहा हूं। वह उपकरण है। अंत तो मैं ही हूं, लक्ष्य तो मैं ही हूं। मेरा ही सुख केंद्र है। दूसरे का तो मैं उपयोग कर रहा हूं।

इसलिए मित्र बेचैन होते हैं, प्रेमी परेशान होते हैं। मित्रों और प्रेमियों में हमेशा कलह बनी रहती है। उस कलह का आधार है क्योंकि एक दूसरे का जब भी हम उपयोग करते हैं तो दूसरे का अपमान होता है। उसे लगता है, मैं एक वस्तु हो गया, व्यक्ति न रहा। मेरा उपयोग किया जा रहा है लेकिन मेरा कोई मूल्य नहीं। मेरी कोई आत्यंतिक मूल्यवत्ता नहीं है। मैं वस्तुओं की भांति हूं।

वासना जब भी बुलाती है तो कठोर होगी क्योंकि शोषण कठोर ही हो सकता है।

गुरु की आवाज मृदु है। वह कहता है, 'होशिन'। यह जापानी शब्द होशिन बड़ा सोचकर चुना होगा। यह शब्द भी बड़ा मीठा है। यह आवाज भीतर जाएगी लेकिन चोट पानी की बूंद की तरह है। पर यह सतत सातत्य बना रहे तो ही तुम्हें तोड़ पायेगी। तो गुरु बुलाये चला जाता है।

और गुरु के इस बुलाने को, तुम्हारे इस उत्तर को, कि 'जी'; इन दोनों के मेल को सत्संग कहा है। तुम अगर सुनो ही ना, तब सत्संग घटित नहीं होगा। वहां गुरु तो है, तुम नहीं हो। तुम अगर पूरी तरह सुन लो तो वहां कोई शिष्य न बचा। तुम थोड़ा-सा सुनते हो, थोड़ा-सा नहीं भी सुनते हो। तुम्हारी नींद में थोड़ी खलल पड़ती है। तुम थोड़ी आंख-पलक खोलते हो, लेकिन भारी है आंख; फिर झपकी लग जाती है। तुम 'जी' का उत्तर तो देते हो। तुम इतनी तो खबर देते हो कि मैं हूं और सुन रहा हूं—सत्संग है।

यह कहानी सत्संग की कहानी है। गुरु बुला रहा है, शिष्य सुन रहा है। शिष्य समझ नहीं पा रहा है, गुरु क्या कह रहा है। लेकिन इतनी श्रद्धा है कि बुलाता है तो 'जी' कहता है। कम से कम नाराज नहीं हो रहा है।

तुम होते तो शायद नाराज भी हो जाते; यह क्या बकवास लगा रखी है! अगर कुछ कहना है तो कहो; अन्यथा 'होशिन, होशिन, होशिन', बार-बार क्या कह रहे हो? कुछ कहना हो तो कह दो अन्यथा चुप रहो। तुम्हारे मन में यही आवाज उठी होती। तो फिर श्रद्धा नहीं है।

एक बात समझ लेना; इस होशिन के मन में भी संदेह तो है। इसीलिए गुरु ने कहा कि मुझे तुमसे क्षमा मांगनी चाहिए। उसके संदेह को देखकर ही कहा है। श्रद्धा पूरी तो नहीं है, क्योंकि जब श्रद्धा पूरी हो तो पुकारने की कोई जरूरत नहीं रह जाती। श्रद्धा पूरी नहीं है, संदेह है; लेकिन संदेह भी पूरा नहीं है, नहीं तो यह सो जाएगा—आधा-आधा है।

तर्तूलियन एक बड़ा ईसाई फकीर हुआ। उसने ईश्वर की रोज की प्रार्थना में एक वाक्य जोड़ रखा था और वह कहता था, श्रद्धा मेरी तुझमें है, लेकिन मेरी अश्रद्धा की तरफ भी तुम खयाल रखना। भरोसा मैं तुझमें रखता हूं लेकिन भीतर मेरे संदेह भी है, उसकी चिंता तू कर।

यह ईमानदार शिष्य की आवाज है। क्योंकि तुम संदेह को छिपा लो, इससे वह मिटेगा नहीं। तुम कितना ही कहो मेरा समर्पण पूरा है; और अगर रत्ती भर भी संदेह है, तो वह समर्पण पूरा तो नहीं है और पूरा कभी हो भी न सकेगा क्योंकि तुम इस भ्रांति में जीयोगे कि वह पूरा है। तुम जैसे हो, वहां तुम पूरे हो ही नहीं सकते। वहां संदेह तो रहेगा ही। इतना ही तुम कर सकते हो कि संदेह को नीचे कर दो, श्रद्धा को ऊपर कर दो; पर संदेह भीतर छिपा रहेगा और कीड़े की तरह तुम्हारी श्रद्धा को काटता रहेगा। और श्रद्धा आज ऊपर है, कब तक ऊपर रहेगी? किसी भी क्षण संदेह ऊपर आ सकता है।

अकसर ऐसा हो जाता है कि अगर दो व्यक्ति कुश्ती लड़ रहे हों तो जो व्यक्ति ऊपर बैठा है, उसको ऊपर बैठने में श्रम करना पड़ता है, क्योंकि ताकत लगाये रखनी पड़ती है कि नीचे का आदमी निकलकर ऊपर न आ जाए। नीचे का आदमी आराम कर सकता है; उसे कोई ताकत लगाने की जरूरत नहीं। नीचे होने के लिए ताकत लगाने की कोई जरूरत भी नहीं है, वह आराम कर सकता है। ऊपर का आदमी श्रम में लगा है। अगर घंटे भर ऊपर का आदमी ऊपर बैठा रहे और नीचे का नीचे पड़ा रहे, तो ऊपर का अपनी मेहनत के कारण थककर नीचे गिरेगा। उसी थकान में नीचे का आदमी ऊपर आ जाएगा।

जब तुम श्रद्धा को संदेह के ऊपर बिठा देते हो, श्रद्धा थक रही है और संदेह विश्राम कर रहा है। ज्यादा देर नहीं लगेगी, संदेह ऊपर आ जाएगा, श्रद्धा नीचे चली जाएगी। लेकिन अगर तर्तूलियन जैसा भाव हो, कि तुम अपनी श्रद्धा की ही घोषणा न करते हो, अपने परमात्मा को यह भी कह देते हो कि संदेह भी मेरे पास है, इसको मैं दबा नहीं रहा हूं, इसे छिपा नहीं रहा हूं, इसे झुठला नहीं रहा हूं, यह है। और जैसा भी नग्न मैं हूं, कुरूप या सुंदर; श्रद्धालु या संदेहग्रस्त; तुम्हारे सामने हूं। श्रद्धा की फिक्र मैं करूंगा, संदेह की फिक्र तुम कर लेना।

होशिन के मन में भी संदेह तो है लेकिन श्रद्धापूर्वक वह उत्तर देता है 'जी'। उसने एक भी बार नहीं कहा, कि क्यों मुफ्त पुकार रहे हो? क्यों बुलाते हो? क्या काम है?

एक फकीर के संबंध में मैंने सुना है, एक दूसरे फकीर से मिलने गया था। वहां देखा कि शिष्यों में बड़ी श्रद्धा है गुरु के प्रति, बड़ा भाव है। उसने कहा कि मेरी तो बड़ी मुसीबत

है; ऐसा भाव मैं अपने शिष्यों में पैदा नहीं कर पाता। क्या करूं? तो उस फकीर ने कहा कि आज मैं तुम्हारे घर आऊंगा भोजन करने। वहीं हम बात कर लेंगे।

सांझ वह फकीर इस दूसरे फकीर के घर पहुंचा। पैर कीचड़ से भरे हैं; वर्षा के दिन होंगे, रास्ते पर कीचड़ है, कपड़े भीगे हैं। तो दूसरे फकीर ने अपनी पत्नी को कहा, 'सुनती है, थोड़ा पानी ले आ। मेरे मित्र आये हैं, उनके पैर धोने हैं।' पत्नी ने भीतर से आवाज दी, 'कुआं कोई बहुत दूर नहीं है। ले जाओ अपने मित्र को कुएं पर और वहीं पैर धुला दो। और स्नान भी करा देना। सुबह पानी भरते वक्त कहां थे?'

दोनों फकीर गये, कुएं से साफ होकर वापिस लौटे। गृहपति फकीर ने कहा भोजन के बाद, 'अब कहो।'

उसने कहा, 'कल तुम मेरे घर भोजन करना। वर्षा के दिन हैं, कीचड़ तो है ही।'

यह दूसरा फकीर पहले फकीर के घर भोजन करने गया। द्वार पर फकीर ने अपनी पत्नी से कहा कि 'घी का जो मटका है, वह ले आ।' वह घी के मटके को लेकर बाहर आयी। और इस फकीर ने कहा, 'मेरे मित्र आये हैं; और कभी आये हैं, पानी से क्या पैर धोना? घी से इनके पैर धो दे।' उस पत्नी ने पूरा मटका घी का उनके पैर पर उंड़ेलकर पैर धो दिये।

भोजन के बाद गृहपति फकीर ने कहा, 'कुछ पूछना है कि बात पूरी हो गई?'

दूसरे फकीर ने कहा, 'बात पूरी ही हो गई। कुछ कहना नहीं है।'

जहां प्रेम है, वहां श्रद्धा छाया की भांति चली आती है। और जहां प्रेम है, वहां स्वीकार का भाव है। और जहां प्रेम है, वहां निष्प्रश्न पुकारो 'होशिन', और 'जी' का उत्तर आता है।

ऐसा नहीं है कि इस पत्नी के मन में भी विचार न उठे होंगे; विचार तो उठे ही होंगे। मन का काम विचार उठाना है। इसने भी सोचा होगा, घी फिजूल खराब कर रहे हो। पानी से काम चल सकता था। मुसीबत के दिन हैं, घी महंगा है और मुश्किल से घी इकट्ठा होता है। ये सब विचार उठे होंगे, लेकिन इन सारे विचारों के बावजूद भी प्रेम प्रथम हो गया और उसने सोचा कि अगर पति कह रहे हैं तो कुछ अर्थ होगा। मैं चुप रहूं। जल्दी न करूं।

होशिन के मन में विचार तो उठ रहे हैं लेकिन वह कह नहीं रहा है। जानता है कि गुरु जब बुला रहे हैं तो कुछ न कुछ राज होगा। मुझे पता हो न पता हो। तीन बार बुला रहे हैं तो जरूर कुछ—कुछ गहरी बात होगी, कोई कुंजी होगी। आज नहीं कल कुंजी खुल जाएगी। लेकिन भीतर विचार हैं, संदेह है।

मन सदा संदेह करता रहता है। यह स्वाभाविक है। इसलिए एक बात खयाल रखना, संदेह भीतर हो उसे छिपाना मत; उसे जानना। संदेह भीतर हो, उसे सक्रिय मत होने देना; उसे तुम्हारी श्रद्धा पर हावी मत होने देना, लेकिन उसे श्रद्धा से दबाना भी मत, हटाना भी मत। संदेह तुम्हारे भीतर हो तो छिपाये बिन प्रतीक्षा करना। जल्दी ही घड़ी आयेगी जब संदेह की गांठ खुल जाएगी। लेकिन चलना तुम श्रद्धा के पीछे।

शिष्य का अर्थ पूर्ण श्रद्धावान नहीं हो सकता; पूर्ण श्रद्धावान जो हो गया, वह तो गुरु हो जाएगा। शिष्य का अर्थ, आधी श्रद्धा, आधा संदेह होगा।

अब इस आधी श्रद्धा के तुम दो उपयोग कर सकते हो। एक तो यह कि संदेह की छाती पर बैठ जाओ। तब तुम्हारी श्रद्धा भी पंगु हो जाएगी। क्योंकि जिसे तुम दबाते हो उससे तुम

बंध जाते हो। तब तुम्हारी श्रद्धा संदेह से लड़ने में लग जाएगी और तुम्हारी शक्ति व्यर्थ होगी। जैसे तुम्हारा बायां और दायां हाथ लड़ रहे हों और तुम्हारी शक्ति व्यर्थ ही व्यय हो रही हो। तुम श्रद्धा और संदेह को लड़ाना मत; जो कि सहज स्वाभाविकतः घटता है। तुम श्रद्धा से चलना।

तुम श्रद्धा को गतिमान करना और संदेह के लिए छिपाये बिना प्रतीक्षा करना समय की, जब कुंजी तुम्हें उपलब्ध हो जाएगी। तुम संदेह पर ध्यान मत देना, उपेक्षा करना। ध्यान तुम श्रद्धा पर देना क्योंकि जहां ध्यान जाता है, वहीं भोजन जाता है। तुम जिस चीज पर ध्यान देते हो, तुम्हारी जीवन ऊर्जा उसी को परिपुष्ट करती है। तुम सिर्फ संदेह के प्रति उपेक्षा रखना, लड़ना मत। कोई भीतर युद्ध खड़ा मत करना। दबाना मत, कोई दमन मत करना; सिर्फ ध्यान को तुम श्रद्धा की तरफ प्रेरित रखना। तुम श्रद्धा को सींचना ध्यान से और संदेह की उपेक्षा करना और प्रतीक्षा करना।

'होशिन!'

होशिन ने सुना होगा, संदेह भी उठा होगा, लेकिन ध्यान उसने श्रद्धा पर रखा। उसने कहा, 'जी!'

यह 'जी' बड़ी गहरी श्रद्धा से उठ रहा है। इसके पास ही संदेह खड़ा है लेकिन इस 'जी' के क्षण में जैसे संदेह मिट गया हो; जैसे एक क्षण को पूरा हृदय 'जी' हो गया।

शुरू में घटना ऐसे ही घटेगी। और गुरु बहुत मौके देगा कि तुम संदेह पर ध्यान दो। क्योंकि बिना मौके के तुम्हारा श्रद्धा के प्रति ध्यान का प्रवाह सुनिश्चित न होगा। गुरु बहुत बार तुम्हें डगमगाएगा। गुरु बहुत बार बेबूझ हो जाएगा। ऐसा व्यवहार करेगा, जो तुम्हारी अपेक्षा न थी। क्योंकि अपेक्षा तो मन का हिस्सा है। और मन को तोड़ना है, तो तुम्हारी अपेक्षा को भी तोड़ना होगा। तुम जो चाहते थे गुरु से, वह वैसा ही अगर व्यवहार करे तुम्हारी चाह के अनुसार, तो तुम गुरु के निर्माता हुए जा रहे हो।

इसलिए जो गुरु तुम्हारी अपेक्षाओं के अनुसार चले, समझ लेना कि उससे तुम्हारे जीवन में कोई क्रांति नहीं होनेवाली। इसीलिए तो तुम्हारे तथाकथित गुरुओं की भीड़ है, लेकिन जीवन में कहीं धर्म की कोई किरण नहीं। कितने संन्यासी हैं! कितने फकीर हैं! कितने साधु-मुनि हैं! लेकिन वे सब तुम्हारी अपेक्षाएं पूरी कर रहे हैं। यह हालत ऐसी है, जैसे डाक्टर मरीजों की अपेक्षाएं पूरी कर रहा हो! तुम जैसा चाहते हो वैसा वे व्यवहार कर रहे हैं। रत्ती भर फर्क करते हैं कि तुम उपद्रव शुरू कर देते हो।

अगर जैन मुनि को रात में चलना मना है, तो सारे जैन श्रावक आंख लगाये बैठे हैं कि वे उसको रात में चलते हुए देख लें। अगर जैन मुनि को ठंडा पानी पीना मना है और अगर वह ठंडा पानी पीता हुआ पकड़ लिया जाए, तो श्रावक जैसे न्यायाधीश है! पीछे चलनेवाला जैसे न्यायाधीश है! वह आंख लगाये बैठा है। वह फौरन शोरगुल मचा देगा कि यह मुनि भ्रष्ट हो गया।

जिस दिन अज्ञानी तय करता है कि ज्ञानी कैसा व्यवहार करे; जिस दिन अज्ञानी मर्यादा बनाता है कि ज्ञानी कैसा चले, कैसा उठे, कैसा बैठे, उस दिन शिष्य के पीछे गुरु को चलना पड़ता है। इस गुरु की क्या कीमत होगी? क्या मूल्य होगा? यह चिकित्सक मरीज की सलाह

मानकर चल रहा है। तुम्हारी अपेक्षा तो टूटेगी, जब तुम सदगुरु के पास पहुंचोगे।

यह होशिन के गुरु के संबंध में एक घटना है। इस आश्रम में काफी भिक्षु थे। नियम तो यही है बौद्ध भिक्षुओं का कि सूरज ढलने के पहले एक बार वे भोजन कर लें। लेकिन इस गुरु के संबंध में एक बड़ी अनूठी बात थी, कि वह सदा सूरज ढल जाने के बाद ही भोजन करता। और नियम तो यह है कि बौद्ध भिक्षु सदा सामूहिक रूप से भोजन करें ताकि सब एक दूसरे को देख सकें कि कौन क्या खा-पी रहा है? भोजन छिपाकर न किया जाए, एकांत में न किया जाए। लेकिन इस होशिन के गुरु की एक नियमित आदत थी कि रात अपने झोपड़े के सब दरवाजे बंद करके ही वह भोजन करता था, और रातभर करता था।

यह खबर सम्राट तक पहुंच गयी। सम्राट भी भक्त था और उसने कहा कि यह अनाचार हो रहा है।

हम अंधों की आंखें क्षुद्र चीजों को ही देख पाती हैं। इस गुरु की ज्योति दिखाई नहीं पड़ती। इस गुरु की महिमा दिखाई नहीं पड़ती। इस गुरु में जो बुद्धत्व जन्मा है वह दिखाई नहीं पड़ता। रात भोजन कर रहा है, यह हमें तत्काल दिखाई पड़ता है। और कमरा बंद क्यों करता है?

सम्राट को भी संदेह हुआ। सम्राट भी शिष्य था। उसने कहा, इसका तो पता लगाना होगा। यह तो भ्रष्टाचार हो रहा है। और रात जरूर छिपकर खा रहा है तो कुछ मिष्ठान्न...या पता नहीं, जो कि भिक्षु के लिए वर्जित है; अन्यथा छिपने की क्या जरूरत है? द्वार बंद करने का सवाल ही क्या है? भिक्षु के भिक्षापात्र को छिपाने का कोई प्रयोजन नहीं है।

हम छिपाते तभी हैं, जब हम कुछ गलत करते हैं। स्वभावतः हम सबके जीवन का नियम यही है। हम गुप्त उसी को रखते हैं, जो गलत है। प्रगट हम उसको करते हैं जो ठीक है। ठीक के लिए छिपाना नहीं पड़ रहा है, गलत के लिए छिपाना पड़ रहा है। लेकिन गुरुओं के व्यवहार का हमें कुछ भी पता नहीं। यह हमारा व्यवहार है, अज्ञानी का व्यवहार है कि गलत को छिपाओ, ठीक को प्रगट करो। ना भी हो ठीक प्रगट करने को, तो भी ऐसा प्रगट करो कि ठीक तुम्हारे पास है; और गलत को दबाओ और छिपाओ। किसी को पता न चलने दो, गुप्त रखो। तो हम सबकी जिंदगी में बड़े अध्याय गुप्त हैं। हमारी जीवन की किताब कोई खुली किताब नहीं हो सकती। पर हम सोचते हैं कि गुरु की किताब तो खुली किताब होगी।

सम्राट ने कहा, पता लगाना पड़ेगा। रात सम्राट और उसका वजीर इस गुरु के झोपड़े के पीछे छिप गये नग्न तलवारें लेकर; क्योंकि यह सवाल धर्म को बचाने का है।

कभी-कभी अज्ञानी भी धर्म को बचाने की कोशिश में लग जाते हैं। उनको जरा हमेशा ही खतरा रहता है कि धर्म खतरे में है। जिनके पास धर्म बिलकुल नहीं है, उन्हें धर्म को बचाने की बड़ी चिंता होती है। और इन मूढ़ों ने धर्म को बुरी तरह नष्ट किया है।

वह छिप गया तलवारें लिये कि आज कुछ भी फैसला कर लेना है। सांझ हुई, गुरु आया। अपने वस्त्र में, चीवर में छिपाकर भोजन लाया। द्वार बंद किये। जहां यह छिपे थे, इन्होंने दीवार में एक छेद करवा रखा था ताकि वहां से देख सकें, द्वार बंद किये। बड़े हैरान हुए कि गुरु भी अदभुत है। वह उनकी तरफ पीठ करके बैठ गया, जहां छेद था और उसने बिलकुल छिपाकर अपने पात्र से भोजन करना शुरू कर दिया। इन्होंने कहा, यह तो बर्दाश्त

के बाहर है। यह आदमी तो बहुत ही चालाक है। इनको यह खयाल में न आया, यह हमारी चालाकी को अपनी निर्दोषता के कारण पकड़ पा रहा है, किसी बड़ी चालाकी के कारण नहीं।

छलांग लगाकर खिड़की को तोड़कर दोनों अंदर पहुंच गये। गुरु ने अपना चीवर फिर से पात्र पर डाल दिया। सम्राट ने कहा कि हम बिना देखे न लौटेंगे कि तुम क्या खा रहे हो? गुरु ने कहा कि नहीं, आपके देखने योग्य नहीं है। तब तो सम्राट और संदिग्ध हो गया। उसने कहा, हाथ अलग करो। अब हम शिष्य की मर्यादा भी न मानेंगे। गुरु ने कहा, जैसी तुम्हारी मर्जी! लेकिन सम्राट की आंखें ऐसी साधारण चीजों पर पड़ें यह योग्य नहीं।

उसने चीवर हटा लिया; भिक्षापात्र में न तो कोई मिष्ठान्न थे, न कोई बहुमूल्य स्वादिष्ट पदार्थ थे, भिक्षा-पात्र में सब्जियों की जो डंडियां और गलत सड़े-गले पत्ते, जो कि आश्रम फेंक देता था, वे ही उबाले हुए थे।

सम्राट मुश्किल में पड़ गया। रात तो सर्द थी लेकिन माथे पर पसीना आ गया। उसने कहा, इसको छिपाकर खाने की क्या जरूरत है?

गुरु ने कहा, क्या तुम सोचते हो गलत को ही छिपाया जाता है? सही को भी छिपाना पड़ता है। तुम गलत को छिपाते हो, हम सही को छिपाते हैं; यह हममें और तुममें फर्क है। तुम गलत को गुप्त रखते हो, हम सही को गुप्त रखते हैं। तुम सही को प्रगट करते हो क्योंकि सही के प्रगट करने से अहंकार भरता है और गलत को प्रगट करने से अहंकार टूटता है। हम गलत को प्रगट करते हैं और सही को छिपाते हैं। हम तुमसे उलटे हैं। हम शीर्षासन कर रहे हैं।

'यह घास-पात खाने के लिए छिपाने की क्या जरूरत थी?'

वह गुरु हंसने लगा और उसने कहा कि मैं जानता था, आज नहीं कल तुम आओगे क्योंकि तुम सबकी नजरें क्षुद्र पर हैं। विराट घटा है, वह तुम्हें दिखाई नहीं पड़ता। लेकिन बस, यह मेरी आखिरी सांझ है। इस आश्रम को मैं छोड़ रहा हूं। अब तुम संभालो और जो मर्यादा बनाते हैं, वे संभालें। तुम्हारी अपेक्षाएं मैं पूरी नहीं कर सकता। और जब तक मैं तुम्हारी अपेक्षाएं पूरी करूंगा, मैं तुम्हें कैसे बदलूंगा?

सिर्फ वही गुरु तुम्हें बदल सकता है, जो तुम्हारी अपेक्षाओं के अनुकूल नहीं चलता। जो तुम्हारे पीछे चलता है, वह तुम्हें नहीं बदल सकता। और बड़ा कठिन है उस आदमी के पीछे चलना, जो तुम्हारे पीछे न चलता हो; अति दूभर है। रास्ता अत्यंत कंटकाकीर्ण है फिर। शिष्य के मन में संदेह हो—संदेह होगा। इतनी श्रद्धा भर काफी है कि वह बिना अपेक्षा किए गुरु के पीछे चल पाये।

गुरु के व्यवहार से गुरु को मत नापना; क्योंकि हो सकता है, व्यवहार तो सिर्फ तुम्हारे लिए आयोजित किया गया हो।

सूफी फकीर जुन्नैद के संबंध में खबर आयी—उसके शिष्य के पास, वह भी सम्राट था—कि तुम किसके पीछे लगे हो? यह आदमी शराब पीता है और गलत स्त्रियों के साथ भी यह आदमी देखा गया है।

सम्राट ने कहा, अगर ऐसा होगा तो इसकी गर्दन मैं अपने हाथ से अलग कर दूंगा। जिसके पैरों पर मैंने सिर रखा हो, अगर वह ऐसा गलत है तो मैं पीछे नहीं रहूंगा। यह

तलवार मेरी इसकी गर्दन अलग कर देगी। लेकिन तुमने जब खबर दी है तो तुम्हें सिद्ध भी करना होगा।

उसने कहा, इसमें कोई कठिनाई ही नहीं है; आप कल मेरे साथ चलें।

सम्राट को लेकर वह गया। एक झील के किनारे दोनों छिपकर खड़े हो गये। झील के उस पार जुन्नैद बैठा है, सुराही रखी है शराब की, प्याले ढाले जा रहे हैं और एक औरत बुर्का ओढ़े प्याले भर रही है। सम्राटं की तलवार बाहर आ गयी। उसने उस आदमी से कहा, तुम जाओ। अब कुछ और सिद्ध करने की जरूरत नहीं। अब मैं निपट लेता हूं। वह दस कदम आगे बढ़ा, लेकिन तब उसके मन में थोड़ा भय आने लगा, जुन्नैद को कैसे काट सकेगा? फिर सोचा, यह काम मैं अपने हाथ से क्यों करूं? यह तो सैनिक भी कर सकते हैं। मैं यह हत्या अपने सिर क्यों लूं?

उसने घोड़ा लौटा लिया। जैसे ही घोड़ा लौटाया, जुन्नैद की आवाज सुनी कि जब इतने दूर आ गये हो तो अब लौटो मत; और थोड़े पास आ जाओ। जब जानना ही चाहते हो तो बिलकुल पास आ जाओ। जरा भी फासला न रहे; तभी जान पाओगे। जुन्नैद की आवाज सुनकर सम्राट लौट भी न सका। पास आना पड़ा।

जुन्नैद ने सुराही उसके हाथ में दे दी। उसमें सिवाय पानी के और कुछ भी न था। और उसने स्त्री का बुर्का उलट दिया, वह जुन्नैद की मां थी!

सम्राट ने कहा, तो फिर यह क्या नाटक रचा है?

जुन्नैद ने कहा, शिष्यों के लिए। यह रोज चल रहा है नाटक। इस नाटक की वजह से न मालूम कितने भाग गये; जो भाग गये, अच्छा हुआ क्योंकि वे भागते ही। वे किसी कारण की तलाश में थे। कोई बहाना खोज रहे थे।

आचरण को देखकर गुरु के जो तय करेगा, उसने दूर से तय कर लिया; क्योंकि आचरण तो बाहर है। उसने घोड़ा पूरे करीब नहीं लाया, जल्दी लौट गया। अंतस से जो तय करेगा, वही करीब आया।

और अंतस के करीब वे ही आ पायेंगे, जो अपने संदेह पर ध्यान देना बंद करेंगे। संदेह पूरे वक्त आवाज दे रहा है कि सुनो मेरी! जो श्रद्धा को सुने और संदेह को न सुने, आज नहीं कल श्रद्धा उन्हें उस जगह ले आएगी, जहां संदेह के सारे बीज नष्ट हो जाएंगे! वहां परम श्रद्धा पूरी होगी, वहां पूर्णता को उपलब्ध होगी।

जीवन का एक नियम है कि अगर तुम प्रतीक्षा कर सको तो सभी चीजें पूरी हो जाती हैं। जीवन का ढंग चीजों को पूरा करने का है; अगर तुम प्रतीक्षा कर सको। कच्चे फल मत तोड़ो, थोड़ी प्रतीक्षा करो; वे पकेंगे, गिरेंगे। तुम्हें तोड़ना भी न पड़ेगा, वृक्ष पर चढ़ना भी न पड़ेगा। जीवन का नियम है चीजों को पूर्ण करना। यहां सब चीजें पूरी होती हैं, सिर्फ प्रतीक्षा चाहिए।

लेकिन तुमने अगर जल्दी की तो तुम कच्चा फल तोड़ ले सकते हो। तब तुम्हें वृक्ष पर भी चढ़ना पड़ेगा और हाथ-पैर भी तोड़ ले सकते हो गिरकर, और कच्चा फल हाथ लगेगा। और एक दफा वृक्ष से टूट गया तो उसके पकने के उपाय समाप्त हो गये। अगर उसको घर में रखकर तुमने पकाया तो वह पकना नहीं है, वह केवल सड़ना है क्योंकि पकने के लिए जीवंत ऊर्जा चाहिए। वह फिर ऐसा है, जैसे किसी ने धूप में बाल सफेद कर लिये हों। वह

अनुभव प्रौढ़ता में नहीं, जीवन की प्रक्रिया से गुजरकर नहीं।

तो तुम घर में छिपाकर भी फल को पका सकते हो, लेकिन वह सिर्फ सड़ा हुआ फल है। पकने के लिए तो जीवंत ऊर्जा चाहिए थी वृक्ष की, उससे तुमने उसे तोड़ लिया। हर चीज पकती है। यहां बिना पका कुछ भी नहीं रह जाता। हर चीज पूर्णता पर पहुंचती है। जल्दी भर नहीं करना! और हमारा मन बड़ी जल्दी करता है।

श्रद्धा पर ध्यान देना, संदेह से लड़ना मत। गुरु के पास होने का यही ढंग है। गुरु पुकारे तो कहना, 'जी'। इसका यह अर्थ नहीं है कि तुम्हारे संदेह मिट गये; संदेह रहेंगे, लेकिन उनको तुम सुनना मत। उनके बावजूद तुम्हारी पुकार आनी चाहिए। वे मौजूद हैं, उन्हें तुम जानना; छिपाना भी मत क्योंकि जो है, वह है। और तुम चाहें छिपा भी लो, गुरु से तुम कैसे छिपा पाओगे?

इसमें होशिन तो कुछ भी बोला कहानी में; गुरु ही बोल रहा है। होशिन ने तो सिर्फ तीन बार 'जी' कहा। फिर गुरु ने खुद ही कहा कि मुझे तुझसे क्षमा मांगनी चाहिए। उसके संदेहों को देखकर कहा। फिर उसकी श्रद्धा को देखकर कहा, लेकिन वस्तुतः तो तुझे ही मुझसे क्षमा मांगनी चाहिए।

ये दो वक्तव्य बड़े कीमती हैं। एक वक्तव्य होशिन के संदेहों के लिए है कि तेरे भीतर संदेह है, मुझे पता है। वे संदेह तुझसे कह रहे हैं, इस आदमी को तुझसे क्षमा मांगनी चाहिए। यह तेरी नींद में बाधा डाल रहा है। बैठने भी नहीं देता, रुकने भी नहीं देता; और व्यर्थ पुकार रहा है। इसकी पुकार पागलपन की है। उसके संदेहों को देखकर कहा है कि मुझे तुझसे क्षमा मांगनी चाहिए।

शायद होशिन उसी क्षण में थोड़ा-सा संदेहों की तरफ ध्यान दे रहा हो। यह सुनते ही चौंक गया होगा, संदेह से ध्यान हटा लिया होगा, श्रद्धा पर लग गया होगा। तत्क्षण गुरु ने कहा, लेकिन वस्तुतः तो तू ही मुझसे क्षमा मांग। मुझे तीन बार बुलाना पड़ा और तू नहीं जागा, इसलिए तू मुझसे क्षमा मांग। मुझे दुबारा भी बुलाना पड़ता है, इसलिए तू मुझसे क्षमा मांग। और मैं तुझे बुला रहा हूं बिना किसी कारण के, इसलिए तू मेरा अनुगृहीत हो।

वासना पुकारती है, कोई कारण है, करुणा पुकारती है, कोई कारण नहीं है; इसलिए अनुगृहीत कौन होगा?

इस छोटी-सी कथा में तुम्हारा पूरा हृदय है, उसके दो खंड हैं। जैसा मैंने कहा कि जीवन में हर चीज पूरी होती है, सिर्फ प्रतीक्षा चाहिए। और ध्यान तुम्हारी जीवन ऊर्जा है। तुम जिस तरफ ध्यान देते हो, उसी तरफ जीवन खिलना शुरू हो जाता है।

अभी वैज्ञानिक इस नतीजे पर पहुंचे हैं कि अगर तुम पौधों को भी ध्यान दो तो वे जल्दी बड़े होते हैं। अगर तुम पौधों को पूरा ध्यान दो तो समय के पहले उन में फूल आ जाते हैं, फल लग जाते हैं। जिन पौधों पर तुम ध्यान मत दो, उपेक्षा करो, पानी बराबर दो, खाद बराबर दो, सिर्फ ध्यान मत दो, वे बढ़ते नहीं हैं। बढ़ते भी हैं तो भी पंगु रह जाते हैं। फूल उनमें देर से आते हैं। उनका पूरा फैलाव नहीं हो पाता।

मां जिस बेटे को ध्यान देती है, वह जल्दी बढ़ता है, स्वस्थ होता है। जिस बेटे की उपेक्षा करती है, दूध बराबर देती है, लेकिन उपेक्षा करती है...।

एक तो शरीर का भोजन है, जो दूध है; और एक आत्मा का भोजन है, जो ध्यान है। जिसको हम प्रेम करते हैं, उसकी तरफ हम ध्यान देते हैं। हमारी आंखें उसकी तरफ लगी रहती हैं। चाहे हम किसी भी काम में उलझे हों, हमारी सुरति उसकी तरफ बहती रहती है। चाहे हम हजारों मील दूर हों, तो भी हमें प्रेमी की याद बनी रहती है। हमारा ध्यान उसी की तरफ लगा रहता है।

श्रद्धा को प्रेम करो; वही तुम्हारा गुरु के प्रति प्रेम बनेगा। तुम्हारे भीतर की श्रद्धा से तुम जुड़े नहीं, कि तुम बाहर के गुरु से जुड़ जाओगे। लेकिन अगर तुम्हारी भीतर की श्रद्धा से ही संबंध नहीं है तो तुम गुरु के पास कितने ही भटको, तुम्हारे फासले में कोई अंतर न आयेगा; वह कम न होगा।

जीवन के भीतर कुछ राज है कि हर चीज पूरा होना चाहती है।

वैज्ञानिक कहते हैं आदमी तो दूर, जानवर तक पूर्णता की तलाश करते हैं। एक चिम्पांजी को...तुम जाओ किसी अजायबघर में और एक चिम्पांजी के सामने एक वर्तुल खींच दो अधूरा; पूरा न बनाओ वर्तुल, थोड़ा-सा हिस्सा छोड़ दो, आधा वर्तुल बना दो और चाक छोड़ दो; चिम्पांजी फौरन उसे पूरा कर देगा। उसको भी बेचैनी होती है कि अधूरा है।

तुम्हारे मन में भी बेचैनी बनी रहती है कि हर चीज पूरी होनी चाहिए। जब तक तुम पूरी नहीं कर लेते तब तक एक बेचैनी रहती है। लेकिन कुछ चीजें हैं जिन्हें तुम पूरी कर सकते हो। और कुछ चीजें है जिन्हें तुम पूरी नहीं कर सकते; जिनके लिए तुम्हें प्रतीक्षा करनी होगी।

यही फर्क विज्ञान और धर्म का है। विज्ञान उन चीजों की तलाश है, जिन्हें 'तुम' पूरा कर सकते हो। वर्तुल अधूरा है, चाक पास में पड़ी है, तुम इतना हिस्सा और जोड़ दे सकते हो। एक मशीन में एक पुर्जा कम है, तुम तैयार करके बिठा सकते हो। विज्ञान चीजों को पूरा कर रहा है। चीजें पूरी की जा सकती हैं क्योंकि तुमसे बाहर हैं।

धर्म तुम्हें पूरा करता है। लेकिन वहां तुम कुछ भी नहीं कर सकते क्योंकि वहां तुमको ही पूरा होना है तुम कुछ करोगे कैसे? वहां तुम ही मूर्तिकार हो, तुम ही मूर्ति हो। वहां कोई बनानेवाला और बनायी जानेवाली चीजें अलग नहीं हैं। वहां तुम पूरा कैसे करोगे? वहां तुम्हें प्रतीक्षा करनी होगी।

इसलिए विज्ञान तो श्रम है और धर्म प्रतीक्षा है। विज्ञान जल्दबाज है, धर्म धैर्य है। वहां तुम्हें कुछ करना नहीं; वहां तो जीवन-ऊर्जा वृक्ष में आ रही है। तुम सिर्फ प्रतीक्षा करो। तुम सिर्फ ठीक मुड़कर प्रतीक्षा करो। तुम ठीक दिशा में देखो और प्रतीक्षा करो; तुम पहुंच जाओगे। श्रद्धा पर तुम्हारी आंखें हों, संदेह पर तुम्हारी पीठ हो। कोई शत्रुता नहीं, कोई दुश्मनी नहीं, कोई संघर्ष नहीं; सिर्फ पीठ, सिर्फ उपेक्षा! और सारा प्रेम श्रद्धा पर हो। और तुम प्रतीक्षा करो। जल्दी ही तुम पाओगे, तुम्हारे संदेह की ऊर्जा भी श्रद्धा बनने लगी। जल्दी ही तुम पाओगे, संदेह का वृक्ष सूख गया। और जो जल संदेह के वृक्ष में जा रहा था, वह जल अब श्रद्धा के वृक्ष में बहने लगा।

जिस दिन तुम्हारे भीतर श्रद्धा पूरी होगी, उसी दिन गुरु कहेगा, होशिन! शायद तुम्हें 'जी' भी न कहना पड़े। तुम जाग जाओगे। एक पुकार तुम्हें खड़ा कर देगी। उस एक पुकार के लिए सारी तैयारी है।

यह गुरुपूर्णिमा का दिन पूर्णिमा की वजह से चुना गया है। वह पूरे का प्रतीक है। चांद चलता है, बड़ी छोटी सीमा से शुरू करता है और पूरा हो जाता है। चांद को कुछ करना नहीं पड़ता है पूरे होने में, सिर्फ प्रतीक्षा ही करनी होती है। पूर्णिमा आती है, और चांद अपना पूरा प्रकाश लुटा देता है।

और एक बात ध्यान रखनी जरूरी है कि चांद जब पूरा नहीं होता, तब भी हमें दिखाई पड़ता है कि पूरा नहीं है। ऐसे तो पूरा ही होता है। पूरा होना तो स्वभाव है। दिखाई पड़ने में बाधा पड़ती है। चांद छोटा दिखाई पड़ता है, पहली तिथि को, दूसरी तिथि को, तीसरी तिथि को; उसका कारण यह नहीं कि चांद अधूरा है, चांद तो पूरा ही है, लेकिन उतने ही हिस्से पर सूरज की रोशनी पड़ रही है, जितना हमें दिखाई पड़ता है। चांद पूरा है, सिर्फ रोशनी कुछ कम हिस्से पर पड़ रही है। पूर्णिमा के दिन पूरे चांद पर रोशनी पड़ेगी। पूरा चांद दिखाई पड़ेगा। अमावस के दिन पूरा चांद खो जाएगा। चांद तो अपनी जगह है; कुछ खोता नहीं, कुछ आता नहीं। रोशनी नहीं पड़ेगी।

तुम्हारा ध्यान तुम्हारी रोशनी है। तुम्हारा ध्यान तुम्हारा जीवन है। तुम पूरे हो। तुम्हारा ध्यान तुम पर नहीं है। और जितना तुम्हारा तुम पर ध्यान पड़ेगा, उतना ही चांद प्रगट होने लगेगा। दूज का चांद बनोगे तुम, छोटी-सी रेखा दिखाई पड़ेगी। कभी दिखाई पड़ेगी, कभी खो जाएगी। अगर तुम प्रतीक्षा करते रहे और ध्यान की ऊर्जा को फेंकते गये श्रद्धा पर, फोकसिंग जारी रहा, ध्यान की तुम वर्षा करते रहे, आज नहीं कल चांद पूर्णता की तरफ पहुंचेगा और एक दिन पूर्ण हो जाएगा।

पूर्णिमा का दिन पूरे चांद की वजह से चुना गया है। और सभी पूरे होने के रास्ते पर हैं। देर-अबेर सभी पूरे हो जाएंगे। जल्दबाजी मत करना क्योंकि जल्दबाजी में अकसर तुम गड़बड़ कर लोगे।

कौन करेगा जल्दबाजी? तुम्हारा मन ही करेगा। तुम्हें खयाल है, जब कभी तुम जल्दी में होते हो, तब ज्यादा देर लग जाती है। ट्रेन पकड़नी है, और तुम जल्दी में हो तो नीचे की बटन ऊपर लग जाती है, टाई उल्टी-सीधी बंध जाती है, जूता गलत पैर में चला जाता है। फिर बदलो। और इस बदलाहट की वजह से और जल्दी हो जाती है। जल्दी में तुम ट्रेन चूक ही जा सकते हो। धीरज से कभी कोई नहीं चूकता, जल्दी से लोग चूक जाते हैं। क्योंकि जितनी जल्दी होती है उतना तनाव बढ़ जाता है। जितना धैर्य होता है, उतना तनाव शांत होता है।

मैंने सुना है, एक जंगल में एक नयी रेलवे लाइन बन रही थी। आदिवासियों का इलाका था। रेलमंत्री, जब रेल की लाइन बन गई और चलने का वक्त करीब आ गया, उदघाटन का दिन आने लगा तो देखने गया था। जंगली आदिवासी इकट्ठे हुए थे, बड़े प्रसन्न थे, बड़े कुतूहल से भरे थे कि क्या मामला है? उस मंत्री ने उन्हें कहा कि सुनो, तुम्हें शहर जाने में कितना समय लगता है? लकड़ी बेचने जाते हो, फल बेचने जाते हो, सब्जी बेचने जाते हो। तो उन्होंने कहा, तीन दिन लगते हैं आने-जाने में। उन्होंने कहा, अब तुम खुश हो जाओ। यह ट्रेन बन गई है और आज इसका उदघाटन होने को है। अब तुम सुबह जाओगे और सांझ घर वापिस आ जाओगे।

यह सुनकर आदिवासी कुछ चिंतित मालूम पड़े। उसने पूछा कि इसमें खुश होने की बात है, तुम उदास क्यों हो गए?

उन्होंने कहा, बाकी दो दिन का हम क्या करेंगे?

पुरानी दुनिया शांत थी। बड़े धीरज से चल रही थी। रफ्तार नहीं थी, तनाव नहीं था, जल्दबाजी नहीं थी कहीं पहुंचने की, लौटने की भी कोई जल्दी न थी। जैसे समय काफी था, पर्याप्त था। सब समय में हो जाएगा। जितनी रफ्तार बढ़ती है, जितनी स्पीड बढ़ती है, उतना तुम्हारा तनाव बढ़ता है। क्योंकि रफ्तार के साथ तुम जल्दबाज होते चले जाते हो। एक-एक मिनिट की फिक्र है कि खो न जाए!

और तुम कभी नहीं पूछते कि बचाकर तुम क्या करोगे! उन लोगों ने ठीक ही पूछा कि वह दो दिन का हम क्या करेंगे? अभी तो तीन दिन हमें लगते हैं। दो दिन बच जाएंगे उनका **क्या** होगा? वे उदास हो गए। तुम कभी नहीं पूछते कि जल्दबाजी करके क्या करोगे?

जल्दबाजी तुम किसी कारण से कर भी नहीं रहे हो, वह तुम्हारी बेचैनी के कारण हो रही है। तुम जल्दबाजी इसलिए नहीं कर रहे हो कि कहीं तुम्हें पहुंचना है। पहुंचने का पक्का हो जाए तो तुम्हारे मन में भी सवाल उठेगा कि पहुंचकर क्या करेंगे? तुम जल्दबाजी इसलिए कर रहे हो कि तुम बेचैन हो। और बेचैनी जल्दबाजी में भूल जाती है, व्यस्त हो जाती है। तो जितना बेचैन आदमी है, उतना जल्दबाजी में है। जितना जल्दबाजी में है, उतना बेचैन है। एक विसियस सर्कल, एक दुष्चक्र पैदा हो जाता है। उसमें तुम पागल ही होकर समाप्त होओगे।

धैर्य रखना। अधैर्य पागलपन की फसल का बोना है। और चांद अपने से पूरा हो ज़ाता है, तुम्हें कुछ करना नहीं है। नदी अपने से सागर पहुंच जाती है, तुम्हें कुछ करना नहीं है। कोई नदी को धक्का दे-देकर सागर तक नहीं पहुंचाना है। और न चांद पर मेहनत कर-करके उसकी पूर्णिमा बनानी है। और जब यह प्रकृति पूरी की पूरी अपने आप चल रही है तो तुम अकेले कुछ अपवाद हो? तुम भी परमात्मा तक पहुंच जाओगे; वह तुम्हारी पूर्णिमा है। लेकिन जल्दी मत करना, धैर्य रखना। जितना होगा गहरा धैर्य, उतने जल्दी परिणाम आ जाते हैं। अगर धैर्य परिपूर्ण हो, इसी क्षण तुम पूर्णिमा के चांद हो जाओगे। क्योंकि चांद तुम सदा हो। जब धैर्य पूरा होता है तो ध्यान पूरा हो जाता है। इस बात को ठीक से समझ लें।

जब बेचैनी होती है, ध्यान बंट जाता है; पच्चीस चीजों में बंट जाता है। एक हाथ से बटन लगा रहे हो और दूसरे हाथ से जूता पहन रहे हो, तीसरे हाथ से कोट संभाल रहे हो, चौथे हाथ से...तुम कहोगे इतने हाथ नहीं हैं। लेकिन तुम हिंदुओं के देवताओं को देखो! हजार हाथ के उनको इसीलिए बनाया है। हाथ चाहे हजार न हों लेकिन तुम काम ऐसा ही कर रहे हो, जैसे हजार हाथ हों।

मैं एक कार्टून देख रहा था। एक स्त्री बनियान बुन रही है; बनियान बनती जा रही है, अखबार पढ़ती जा रही है। रेडियो जारी कर रखा है, रेडियो सुनती जा रही है, पैर से बच्चे के झूले को हिला रही है—हजार हाथ हैं। तुम जितनी जल्दी में हो और जितना ज्यादा कर लेने को उत्सुक हो, उतने तुम बंट जाते हो। यह स्त्री न तो रेडियो सुन रही है, न बनियान बुन रही है, न अखबार पढ़ रही है, न बच्चे को प्रेम दे रही है। मगर यह सोच रही है कि बहुत काम

कर रही है। कुछ भी नहीं हो रहा है। बच्चे की उपेक्षा हो रही है। यह पैर और ढंग का है। यह पैर काम की तरह हिला रहा है। इस पैर से कोई प्रेम की धारा नहीं बह रही है। इस पैर से कोई ध्यान नहीं जा रहा है बच्चे की तरफ। एक कर्तव्य है, जो पूरा किया जा रहा है। एक यंत्रवत काम हो रहा है। यह स्त्री आटोमेटा है, इसके पास हृदय नहीं है। इसके पास हजार हाथ हैं।

देवताओं को क्षमा किया जा सकता है, उनके पास हजार हाथ रहे हैं। तुम हजार हाथ पैदा मत करना। तुम हजार व्यस्तताएं पैदा मत करना। तुम हजार तनाव पैदा मत करना। तुम धीरज से बहना। तुम धीरे-धीरे बहना। चांद प्रगट होगा। पूर्णिमा अपने से आ जाती है।

एक ही बात खयाल रखने की है कि श्रद्धा पर तुम्हारा ध्यान हो। श्रद्धा पर तुम्हारे पूरे ध्यान की ऊर्जा बरसती रहे। वह वर्षा श्रद्धा पर होती रहे तुम गुरु से जुड़ जाओगे।

गुरु से जुड़ने का उपाय है, भीतर की श्रद्धा से जुड़ जाना।

और जिस दिन तुम गुरु से जुड़ जाओगे, जिस दिन संदेह के रहते हुए भी गुरु और तुम्हारे बीच एक सेतु बंध जाएगा, उसी दिन तुम्हारे जीवन में क्रांति शुरू हो जाएगी। क्योंकि गुरु के साथ जुड़ जाने का अर्थ है, केटलेटिक एजेंट के साथ जुड़ जाना। गुरु कुछ करता नहीं है, किए हुए का मूल्य भी नहीं होता। गुरु की मौजूदगी कुछ करती है।

वैज्ञानिक एक तत्व को स्वीकार करते हैं, वह केटलेटिक एजेंट है। केटलेटिक एजेंट का अर्थ है कि जब दो तत्व मिलते हैं, तो सिर्फ इसकी मौजूदगी तीसरे की चाहिए, यह कुछ करता नहीं। इससे उन दो तत्वों में कुछ जाता नहीं। उन दो तत्वों को हम तोड़ें तो हम दो को ही पायेंगे, इस तीसरे को हम बिलकुल न पायेंगे। लेकिन अगर यह मौजूद न हो तो वे दो तत्व मिलते नहीं।

यह बड़ी रहस्यपूर्ण घटना है। लेकिन वैज्ञानिकों ने इसे स्वीकार कर लिया क्योंकि कोई और उपाय नहीं है।

आक्सिजन और हाइड्रोजन को मिलाना हो तो बिजली की चमक चाहिए; इसलिए आकाश में वर्षा में बिजली चमकती है। वह बिजली न चमके तो वर्षा न हो। बिजली की मौजूदगी चाहिए। बिजली की मौजूदगी में तत्क्षण आक्सिजन और हाइड्रोजन मिल जाते हैं और पानी बन जाता है। लेकिन अगर पानी को तुम तोड़ो तो हाइड्रोजन और आक्सिजन मिलते हैं, बिजली नहीं मिलती। उसकी सिर्फ मौजूदगी थी। उस मौजूदगी में घटना घट गई।

अगर भौतिक जगत में केटलेटिक एजेंट होते हैं तो आध्यात्मिक जगत में भी होते हैं। गुरु केटलेटिक एजेंट हैं। वह कुछ करेगा नहीं; तुम उससे जुड़ गए, उसकी मौजूदगी मिल गई, घटना तुम्हारे भीतर ही घटनी है। तुम्हारे भीतर के दो विभिन्न हिस्से उसकी मौजूदगी में मिल जायेंगे और एक हो जायेंगे। गुरु की आंखों के नीचे तुम एक हो जाओगे। और गुरु कुछ करेगा नहीं। इस तुम्हारी एकता में गुरु का कोई भी स्पर्श न पाया जाएगा। इस तुम्हारी आत्म-क्रांति में गुरु का कुछ भी दान नहीं मिलेगा—बस, उसकी मौजूदगी।

इसलिए हमने गुरु के पास रहने को सत्संग कहा है। बस, उसके पास होना काफी है—उसकी उपस्थिति में। वह मौजूद है; और उसकी मौजूदगी में तुम बढ़ रहे हो और बड़े हो रहे हो और तुम्हारा चांद प्रगट हो रहा है।

जब गुरु तुम्हें बुलाए 'होशिन'। तो तुम भूल जाना संदेह को और तुम्हारी श्रद्धा को कहने देना, 'जी'। और गुरु बार-बार बुलाए तो भी तुम बार-बार उत्तर देने को राजी होना। बार-बार सावधान होने को राजी होना। गुरु के पानी की जैसी चोट तुम्हारी चट्टान को आज नहीं कल तोड़ देगी। तुम बहोगे। तुम सागर तक पहुंचोगे।

आज इतना ही।

मूल पुस्तक 'बिन बाती बिन तेल' का चौदहवां प्रवचन

पांचवां प्रवचन

आखिरी भोजन हो गया?

भगवान!

एक नया-नया शिष्य, गुरु जोशू के पास आकर बोला,
'मैं हाल ही धर्मसंघ में सम्मिलित हुआ हूं
और ध्यान का पहला सूत्र सीखना चाहता हूं।
क्या आप मुझे वह सिखाने की कृपा करेंगे?'
जोशू ने पूछा, 'क्या तुमने शाम का भोजन कर लिया?'
शिष्य ने कहा, 'जी, मैंने कर लिया।'
गुरु ने तब कहा, 'अब जाकर अपनी थाली धो लो।'
भगवान! कृपा कर इस लघुवार्ता का अभिप्राय बतायें।

छोटी-सी दीखने वाली कथा जीवन का, साधना का सारा सार-संक्षिप्त लिए हुए है। वह सार-संक्षिप्त इतना ही है, कि यदि वासनाएं पूरी हो गई हों, यदि भोजन पूरा हो गया हो, तो अब थाली को धो डालो। अगर मन की दौड़ पूरी हो गई हो, तो अब मन को धो लो। अगर संसार में चलने की आकांक्षा भर गई हो, तो अब थाली को धो लो। इतना ही ध्यान का सार भी है।

पहले हम ध्यान का अर्थ समझें और फिर वापिस कथा के अर्थ पर लौट आएं। ध्यान का अर्थ है : मन काम कर रहा है चौबीस घंटे, सतत। चाहे तुम जागो, चाहे तुम सोओ, चाहे तुम उठो, चाहे बैठो; चाहे श्रम करो, चाहे विश्राम; लेकिन मन निरंतर काम में लगा है। मन की थकान धूल की तरह इकट्ठी होती है। और मन की प्रत्येक क्रिया तुम्हारी चेतना को धुएं से भर जाती है। क्योंकि मन की क्रिया में भी ईंधन जलता है।

रास्ते से कार गुजरती है, तो धुआं चाहे दिखाई न पड़े लेकिन हवा में छूट जाता है, वायु को दूषित कर जाता है। दीया जलता है तो धुआं चारों तरफ छूटता है, वायु को दूषित कर जाता है। तुम्हारा मन का दीया जल रहा है। उसमें ईंधन काम आ रहा है। क्योंकि मन वह दीया नहीं है, जो बिन बाती और बिन तेल जलता है। तुम भोजन कर रहे हो, पानी पी रहे हो, उस सबसे ईंधन निर्मित हो रहा है। तेल और बाती बन रही है। और तेल और बाती से तुम्हारे मन का दीया जल रहा है। जितना ही तुम मन के दीये को जलाते हो, उतना ही भीतर धुआं, धूल इकट्ठी होती है।

फिर मन प्रतिक्षण स्मृति को इकट्ठी कर रहा है। तुम जो भी करते हो, वह करते ही नहीं हो, उसे तुम याद भी कर लेते हो। तुम जो नहीं करते हो, देखते हो, वह भी स्मृति बनता है।

वैज्ञानिक कहते हैं कि एक क्षण में कोई एक करोड़ सूचनाएं तुम्हारे मन पर अंकित हो रही हैं। तुम तो डर ही जाओगे। एक करोड़ सूचनाएं एक क्षण में कैसे अंकित हो रही हैं? तुम्हें तो उनका पता भी नहीं चलता। तुम्हारा मन तो थोड़ी-सी बातों को ही चेतन रूप से संकलित करता है, बाकी अचेतन रूप से संकलित करता है।

मैं बोल रहा हूं, तुम मुझे सुन रहे हो। तुम्हारा चेतन मन मेरी तरफ लगा है। एक पक्षी वृक्ष पर गीत गाता है, रास्ते से कार गुजरती है, कोई पड़ोस में बच्चा रोता है, कुत्ते भोंकते हैं, उस तरफ तुम्हारा कोई ध्यान नहीं है; लेकिन तुम्हारा मन उनको भी अंकित कर रहा है। एक करोड़ सूचनाएं प्रतिक्षण तुम अंकित कर रहे हो। एक जीवन में तुम कितनी धूल इकट्ठी न कर लोगे!

यह सारी की सारी धूल ही तुम्हारा रोग है। इस धूल को झाड़ देना, पोंछ देना ही ध्यान है।

ठीक कहा जोशू ने। पूछा था शिष्य ने, नये-नये शिष्य ने कि 'नया-नया संघ में सम्मिलित हुआ हूं, दीक्षित हुआ हूं, पहला कदम ध्यान का उठाना है; क्या करूं? क्या है ध्यान? मुझ अज्ञानी को बता दें।'

जोशू ने देखा होगा इस शिष्य की तरफ और कहा कि 'भोजन कर चुके हो सांझ का?'

उस शिष्य ने कहा, 'कर चुका हूं।'

तो जोशू ने कहा, 'जाओ और बर्तन मांज डालो, बर्तन धो लो।'

ऊपर से देखने पर कथा बेबूझ लगती है। शिष्य पूछता है ध्यान की बात और जोशू कहता है बर्तन धो डालो।

जोशू के एक दूसरे शिष्य की कथा है। बहुत दिनों तक जोशू के पास रहा। लेकिन ध्यान का राज हाथ में न आया। बहुत दिन तक जोशू का सत्संग किया लेकिन सत्संग हुआ नहीं। भीतर कोई किरण न फूटी, कोई दीया न जला। भीतर कोई नई सुगंध न आई। पुराना था, पुराना ही रहा। तो एक दिन जोशू को उसने पूछा कि 'अब तो बहुत वर्ष बीत गये, और अब तक कुछ हुआ नहीं। अब मैं क्या करूं?'

तो जोशू ने कहा, कि 'तू एक काम कर। मैं जानता हूं एक सदगुरु को, जो फलां-फलां गांव, फलां-फलां धर्मशाला का मालिक है। तू वहां चला जा। और अब तू उसी से सीख। शायद तू उससे सीख जाए।'

शिष्य बड़ी उत्सुकता से, बड़ी आतुरता से भागा; पहुंचा दूसरे गांव। लेकिन वहां जाकर बड़ा उदास हुआ, क्योंकि वह मालिक कोई सदगुरु नहीं था। वह तो एक छोटी-सी सराय को चलाने वाला गरीब आदमी था। एक धर्मशाला को चलाता था; सस्ती धर्मशाला थी राह के किनारे। उससे कुछ सीखने की संभावना भी न थी। जोशू ने मजाक किया, या जोशू ने पिंड छुड़ाना चाहा? लेकिन रात देर हो गई थी, और रात तो रुक ही जाना था।

तो उसने सराय के मालिक को पूछा कि 'मैं रात रुक जाऊं? वैसे मुझे जोशू ने भेजा है। लेकिन कहीं कोई भूल हो गई। जोशू ने तो कहा था कि आप एक गुरु हैं और जो उसके पास नहीं सीख पाया, आपके पास सीख लूंगा।'

उस सराय के मालिक ने कहा, 'मुझे कुछ पता नहीं। कैसे गुरु, कैसे शिष्य? और मेरे पास सिखाने को कुछ भी नहीं है। लेकिन अब तुम आ गये हो, तो रात रुक जाओ। विश्राम कर लो, सुबह चले जाना।'

पर जोशू ने कहा था कि वह जो गुरु है, उस धर्मशाला का जो मालिक है, वह कुछ बोलेगा नहीं, तू उसके आचरण को देखना; वह आचरण से ही बोलता है। तू उस पर नजर रखना; उसके इशारे समझना। तो इस शिष्य ने सोचा, कि 'अब आ ही गया हूं तो जरा देखता ही रहूं, क्या कर रहा है यह आदमी! चौबीस घंटे रुक ही लूं।'

तो वह देखता रहा। कुछ देखने जैसा भी न था, कुछ समझने की बात भी न थी। कभी वह बुहारी लगा रहा है, कमरे साफ कर रहा है, कभी वस्त्र धो रहा है, कभी बर्तन साफ कर रहा है। कभी मेहमानों की सेवा कर रहा है। बस इसी तरह के काम थे, जिनमें सीखने जैसा कुछ भी न था। फिर रात हो गई, वह धर्मशाला का मालिक सो गया।

सुबह जोशू का शिष्य उठा भोर में, और उसने कहा, 'मैं जाऊं? क्योंकि यहां सीखने को कुछ भी नहीं। एक ही बात और पूछनी है। क्योंकि बाकी तो सब मैंने देख लिया। रात सो जाने के बाद तुमने क्या किया, वह मुझे पता नहीं है। शायद गुरु कहे कि तुमने चौबीस घंटे क्यों न निरीक्षण किया?'

उसने कहा, 'रात सो जाने के बाद? रात सोते समय धर्मशाला के सब बर्तन मैंने धोकर रख दिये थे। फिर रात निश्चिंत सोया, क्योंकि बर्तन धुले थे। फिर सुबह उठा, थोड़ी धूल जम गई थी। बिना कारण भी बर्तन रात भर रखे रहें, तो थोड़ी धूल जम जाती है। कुछ करना ही जरूरी नहीं है, निष्क्रिया तक में धूल जम जाती है। सोचना जरूरी नहीं है, खाली बैठे-बैठे भी धूल जम जाती है। समय बीतता है तो धूल जमती है। समय भी धूल है। तो उसने कहा कि सुबह थोड़ी धूल जम गई थी, फिर से उन्हें धो डाला। सब ठीक है।'

इस शिष्य ने अपने सिर पर हाथ मार लिया कि मैं भी किस ना-समझ के पीछे पड़ा हूं! यह सिर्फ धर्मशाला का मालिक है। सिर्फ बर्तन जमाना, धोना, साफ करना, इतनी ही इसकी समझ है। वह वापिस लौट आया।

जोशू से उसने कहा। जोशू ने कहा, 'तू चूक गया। इतना ही तो राज है।'

दिन में तो धूल जमती ही है, रात तुम सपना देखते हो उसमें भी धूल जम जाती है। मन उसमें भी विकृत हो जाता है। मन उसमें भी अशांत और बेचैन हो जाता है। सुबह उठकर फिर साफ कर लो। जितना बन सके बर्तन साफ करते रहो। लेकिन बर्तन तुम साफ तभी कर पाओगे, जब सांझ का भोजन कर लिया हो।

आखिर जोशू यह भी तो कह सकता था, 'सुबह का भोजन कर लिया?' लेकिन उसने कहा, सांझ का भोजन। सांझ का भोजन मतलब, अंतिम भोजन। सांझ का भोजन मतलब, जब सूर्यास्त हो रहा है, सब ढल रहा है। सांझ के भोजन का अर्थ है, आखिरी वासना को भी चख लिया, स्वाद ले लिया? अगर ले लिया है स्वाद, तब क्या देर कर रहे हो? बर्तन धो डालो। और अगर अभी आखिरी भोजन नहीं हुआ, तो अभी ध्यान की बात ही मत पूछो।

जिनकी वासनाएं अभी अधूरी हैं, जिन्होंने संसार को अभी जाना नहीं, वे ध्यान की बात ही न पूछें। संसार को बिना जाने कोई संसार से मुक्त न कभी हुआ है, न हो सकेगा। और जिनकी अभी शरीर की दौड़ ही कायम है, जो उससे थक नहीं गये हैं, ऊब नहीं गये है, जिन्होंने पहचान नहीं लिया है कि शरीर व्यर्थ है, उसकी दौड़ व्यर्थ है, वे ध्यान के संबंध में न पूछें तो अच्छा। कोई सदगुरु उन्हें उत्तर नहीं देगा। वे ऐसे ही हैं, जैसे छोटे बच्चे कामवासना

के संबंध में कुछ पूछें। कौन उन्हें उत्तर देगा? उत्तर का कोई अर्थ नहीं है।

जब तक संसार व्यर्थ न हो जाए, तब तक धर्म सार्थक नहीं होता। और जब संसार व्यर्थ हो जाए ऐसी 'तुम्हारी' प्रतीति हो—मेरे कहने से नहीं; कबीर और बुद्ध और क्राइस्ट समझाएं इससे नहीं; वे तो चिल्ला रहे हैं कि संसार व्यर्थ है। तुम काफी भोजन कर चुके, रुको। थाली को धो डालो। अब और मत दौड़ो, काफी दौड़ चुके, ठहरो। लेकिन उनके कहने से तुम न रुकोगे; और अगर रुके तो भी भूल हो जाएगी। क्योंकि भला तुम रुक जाओ, लेकिन तुम्हारा मन न रुकेगा। तुम बुद्ध की मानकर संसार से मुड़ भी आओ, लेकिन तुम लौट-लौटकर संसार की तरफ देखते रहोगे।

इसलिए जोशू ने पूछा, 'सांझ का भोजन पूरा हो गया? आखिरी वासना भी तृप्त कर ली या नहीं?'

अब यह बड़े मजे की बात है; कि वासना तृप्त करने से तृप्त तो होती नहीं। भोजन करने से कभी किसी की भूख मिटी? भोजन करने से सिर्फ नई भूख शुरू होती है। पानी पीने से सिर्फ नई प्यास का प्रारंभ होता है। थोड़ी देर के लिए भुलावा होता है। तो पानी पीने से प्यास बुझती नहीं; बुझ जाए, तो फिर पानी की दुबारा जरूरत न हो। पानी पीने से प्यास छिपती है, दबती है। भोजन से भूख मरती नहीं, सिर्फ थोड़ी देर के लिए भूख भूल जाती है, विस्मरण हो जाती है। कामभोग से कामवासना नष्ट नहीं होती, सिर्फ थोड़ी देर के लिए तुम थक जाते हो, फिर जाग आएगी।

इसलिए भूख के बाद सभी को उपवास सार्थक मालूम होता है। संभोग के बाद सभी को संभोग की व्यर्थता मालूम होती है। लेकिन घंटे, दो घंटे, चार घंटे—भूख फिर लौटेगी। चौबीस घंटे, अड़तालीस घंटे—कामवासना फिर जगेगी। और जब वासना जगेगी तब सब वही सार्थक मालूम होने लगेगा, जो व्यर्थ मालूम हुआ था।

जोशू कह रहा है, 'आखिरी भोजन कर लिया? यदि आखिरी भोजन कर लिया है तो जाओ और बर्तन साफ कर डालो।'

मन के बर्तन में ही हमारी वासनाओं का भोजन चला है। और एक दिन नहीं, जन्मों-जन्मों से चला है। मन का बर्तन बिलकुल गंदा हो गया है। अगर हो गई है बात पूरी तो जाओ, और मन का बर्तन साफ कर लो; इतना ही ध्यान है।

और शिष्य निश्चित ही समझ गया होगा। क्योंकि उसने फिर कोई सवाल न उठाया। उसे बात दिखाई पड़ गई होगी।

क्या है बात? बात इतनी है कि अगर वासना व्यर्थ हो गई तो ध्यान करने की जरूरत भी कहां है? अगर तुमने जान ही लिया दौड़ना व्यर्थ है, तो रुकने के लिए कुछ श्रम करना पड़ेगा? तुम्हें पहचान आ गई कि हाथ में कंकड़-पत्थर हैं, हीरे नहीं, तो क्या छोड़ने के लिए तुम्हें कोई बड़ा प्रयास करना पड़ेगा? छोड़ने का प्रयास तो तभी करना पड़ता है, जब कंकड़-पत्थर हीरे मालूम पड़ते हैं। हाथ खाली हो जाएंगे, तुम छोड़ ही दोगे। मिट्टी पर कौन मुट्ठी बांधता है? और जैसे ही तुम छोड़ दोगे, वैसे ही ध्यान फलित हो जाएगा।

तो ध्यान क्या है?

ध्यान है, वासना का अभाव।

ध्यान है, आकांक्षा का अभाव।

ध्यान है, दौड़ से मुक्ति।

ध्यान का अर्थ हुआ, अब मैं कुछ भी नहीं चाहता हूं। मैं जैसा हूं, तृप्त हूं। मैं जो भी हूं, राजी हूं। जहां हूं, वहीं मेरी मंजिल है। वहां से कहीं और मुझे नहीं जाना।

वासना का स्वरूप है कि जहां मैं हूं, वहां से कहीं और मुझे जाना है। कहीं भी मैं होऊं, वहां से मुझे कहीं और जाना है। मंजिल कहीं और है। जहां भी मैं हूं, वहीं अतृप्त हूं। वासना कभी भी तृप्त नहीं है, दुष्पूर है। तुम स्वर्ग में रहो तो भी वासना कहेगी, आगे क्या? इससे क्या होगा? स्वर्ग भी मिल गया तो क्या होगा? तुम मोक्ष भी चले जाओ तो भी तुम्हारी वासना तुम्हें संसार में वापस ले आएगी।

तुम्हारी वासना संसार है।

बड़ी प्रसिद्ध कथा है कि बालसेन मरा—एक यहूदी फकीर और वह स्वर्ग पहुंचा। और वहां उसने देखा कि बड़े-बड़े पुराने यहूदी फकीर बैठकर शास्त्रों का अध्ययन कर रहे हैं; तालमुद का अध्ययन कर रहे हैं। झुके हैं अपनी-अपनी किताबों पर, पाठ कर रहे हैं। यह थोड़ा हैरान हुआ बालसेन। इसने कहा, 'स्वर्ग में रहकर शास्त्रों की क्या जरूरत है अब? अब यहां भी अगर शास्त्रों का पाठ ही चल रहा है तो फिर मंजिल कहां है?'

जो देवदूत उसे स्वर्ग का राज्य घुमा रहा था, उसने कहा कि सुनो, संत स्वर्ग में नहीं होते, स्वर्ग संतों में होता है। स्वर्ग कोई जगह नहीं है, जहां संत प्रवेश करते हैं। स्वर्ग एक भावदशा है, जो संत के भीतर होती है।

तुम थोड़े ही स्वर्ग में प्रवेश करोगे! स्वर्ग तुममें प्रवेश करेगा। तुम द्वार दो ताकि स्वर्ग प्रवेश कर सके। लेकिन तुम्हारा द्वार वासनाओं से बंद है। तो तुम अगर स्वर्ग में भी पहुंच गये तो कोई फर्क नहीं पड़ता; तुम तालमुद ही पढ़ोगे। तुम वही किताब पढ़ते रहोगे, जो और आगे ले जाने का उपाय है।

तुम अगर स्वर्ग में भी पहुंच गये, जिसके ऊपर कुछ भी नहीं, तो भी अपनी सीढ़ी साथ ले जाओगे, कहीं लगाकर और ऊपर चढ़ने के लिये। तुम बिना सीढ़ी के हो ही नहीं सकते। तुम सीढ़ी को ढोओगे ही; चाहे सीढ़ी कितनी ही वजनी हो। तुम नाव को सिर पर लेकर चलोगे ही; चाहे तुम उस किनारे पर क्यों न पहुंच जाओ। क्योंकि तुम्हारे लिये कोई दूसरा किनारा नहीं हो सकता; तुम्हारे लिए हर किनारा छोड़ने वाली जगह है। और हर पहुंचने वाली जगह कहीं दूर है, जहां तुम्हें नाव से जाना होगा।

ध्यान का अर्थ है, तुम उस किनारे पर हो, जहां से आगे नहीं जाना। तुम दूसरे किनारे पर हो। तुम सदा ही वहां हो, जहां होना तृप्ति है। तुम प्रतिक्षण जहां भी पहुंचते हो, तुम्हारा स्वर्ग तुम्हारे साथ चलता है।

ठीक कहा जोशू ने, कि अगर तेरा आखिरी भोजन हो गया, तो अब तू बर्तन साफ कर ले।

यही मैं तुमसे पूछता हूं कि क्या तुम्हारा आखिरी भोजन हो गया? और भोजन तुम बहुत जन्मों से कर रहे हो। भूख तुम्हारी मिटी नहीं। छोटा-सा गणित है, जो तुम अब तक हल न कर पाये। भोजन से भूख मिटेगी भी नहीं। मिटती होती तो कब की मिट गई होती। छोड़ो

पिछले जन्मों को, इस जन्म में भी काफी भोजन कर चुके, भूख मिटती नहीं। लगता ऐसा है कि भोजन भी भूख को ही मिटाता है, भूख बढ़ती है। कितना तुम पानी पिये हो और कितने सरोवर तुमने खोजे, प्यास कहीं गई नहीं। तुम्हारा कंठ प्यासा का प्यासा रह जाता है। शायद पानी तुम्हें और नई तलफ जगाता है। पानी सिर्फ आभास देता है तृप्ति का; तृप्ति नहीं लाता।

कब तक तुम इसको ही जारी रखोगे? कब तुम देख सकोगे कि भूख से भोजन का कोई संबंध नहीं। प्यास से पानी का कोई संबंध नहीं। प्यास पानी से नहीं मिटेगी।

जिस दिन तुम जानोगे कि प्यास पानी से मिटती ही नहीं, उस दिन तुम कुछ और खोजोगे, जिससे प्यास मिटती है। यह जरा कठिन है। हम सोचते हैं पानी से प्यास मिटती है, तृप्ति आती है। जो जानते हैं, वे कहते हैं, तृप्ति से प्यास मिटती है, और पानी आता है। अब यह जरा...जो जानते हैं वे कहते हैं, तृप्ति से प्यास मिटती है, और पानी आता है। सरोवर प्रगट हो जाता है। लेकिन तृप्ति से प्यास मिटती है। तृप्ति से भूख मिटती है। तृप्ति से काम मिटता है। तुम जहां तृप्त हुए, वहीं वासना शांत हो जाती है।

क्या तुम आखिरी भोजन कर चुके?

यही सवाल है, जो हर नये साधक को अपने से पूछना है। और अगर अभी आखिरी भोजन नहीं हुआ तो बेहतर है, संतों के पास मत जाओ। पहले आखिरी भोजन कर लो। उनके पास जाकर समय अपना और उनका खराब मत करो। क्योंकि उनके पास तुम कुछ भी न पा सकोगे। तुम गलत जगह पहुंच गए। वह जगह तुम्हारे लिए नहीं है। तुम्हें अभी संसार में थोड़ा और चलना है। तुम्हें अभी और थोड़ी खोज करनी है। तुम्हें अभी थोड़ा और भटकना है। अभी तुम थके नहीं, अभी तुम्हारे पैरों में ताकत है; और तुम अभी और चलने के लिए उत्सुक हो। अभी तुम थोड़े और दौड़ो।

मैं भी तुमसे यही कहता हूं कि संसार का तुम ठीक से भोग कर लो। तुममें से अधिक की कठिनाई यही है, कि तुम संसार का भोग किये नहीं और अध्यात्म की वासना तुम्हें पकड़ गई है। अध्यात्म कोई वासना नहीं है। संसार से तुम भरे नहीं और मोक्ष की भी आकांक्षा तुम्हें पकड़ गई है। तुम बड़ी दुविधा में हो। तो ऊपर से तुम कुछ कहते हो और भीतर तुम्हारे कुछ चलता है। ऊपर से तुम मोक्ष की चर्चा करते हो, भीतर संसार चलता है। तुम दोहरी यात्रा पर चल रहे हो।

मैंने सुना है, कि एक साधारण सैनिक अपनी बहादुरी, युद्ध के मैदान पर अपनी कुशलता...बड़ा सम्मानित हुआ; और उसे कर्नल का पद दे दिया गया। वह उसके योग्य भी था। एक दिन वह अपने 'कमांडर इन चीफ' के साथ रास्ते से गुजर रहा था। अब वह कर्नल हो गया है। जो भी सैनिक रास्ते पर मिलते हैं, तत्क्षण खड़े होकर सलाम ठोकते हैं। कर्नल भी सलाम करता है। लेकिन कमांडर थोड़ा हैरान हुआ, कि यह जो कल तक सैनिक था, अब कर्नल हो गया है—कमांडर हैरान हुआ! तो वह धीरे से कहता है 'दि सेम टू यू।' ऐसा जब दस-पांच बार उसने सुना तो वह थोड़ा चकित हुआ। उसने पूछा कि यह तुम्हारी क्या विचित्र-सी आदत है? जब भी कोई नमस्कार करता है, और पैर ठोकता है तब तुम धीरे-से क्या फुसफुसाकर कहते हो कि 'दि सेम टू यू': 'वही तुम्हें भी?'

उसने कहा, 'मैं पहले सैनिक रह चुका हूं। ये सब भीतर से तुम गाली दे रहे हो। मैं भी

देता रहा हूं। यह नमस्कार ऊपर-ऊपर है। इसलिए मैं इनको भलीभांति जानता हूं कि ये भीतर क्या कह रहे हैं। इसलिए मैं कहता हूं, 'दि सेम टू यू'! कुछ भी कह रहे हों भीतर—'वही तुम्हें भी'।

ऊपर से तुम नमस्कार करते हो मंदिरों में, और भीतर? ऊपर तुम संतों का सत्संग करते हो और भीतर? ऊपर तुम ब्रह्मचर्य के सूत्र पढ़ते हो और भीतर? ऊपर तुम निर्वासन और ध्यान, समाधि, विपस्सना की चर्चा करते हो और भीतर? भीतर संसार चलता है।

और जो तुम भीतर हो, वही तुम्हारी वास्तविक यात्रा है। जो तुम ऊपर हो, वह यात्रा काम की नहीं।

इसलिए पूछता है जोशू, आखिरी भोजन कर लिया? वह यह पूछ रहा है कि भीतर का उपद्रव समाप्त हुआ? थक गये उससे या अभी भी रस कायम है? भूख बाकी है या हट गई?

उस युवक ने कहा, कि 'जी हां। आखिरी भोजन कर चुका हूं। तभी तो आया हूं आपके पास; नहीं तो आने का कोई सवाल न था। यहां आया इसलिए हूं, ध्यान की पूछता इसलिए हूं, कि आखिरी भोजन हो चुका। अब कोई और भोजन करने को नहीं बचा है।' तो जोशू ने कहा, 'मामला सीधा-साफ है, बड़ा सरल है।'

और मैं भी तुमसे कहता हूं इतना ही सरल मामला है, जैसा जोशू ने कहा कि जा और बर्तन साफ कर लो। और कुछ और करना नहीं। निन्यान्नबे प्रतिशत तो ध्यान घट ही गया, अगर आखिरी भोजन हो गया। एक प्रतिशत बचा है। वह पुराने जो भोजन की प्रक्रिया चली है जन्मों-जन्मों तक, वह जो मन पर कचरा इकट्ठा हो गया है, उसको साफ कर डालो।

निन्यान्नबे प्रतिशत ध्यान घटता है वासना की व्यर्थता के बोध से; कि भोजन से भूख न मिटे, पानी से प्यास न मिटे! संभोग से भोग की आकांक्षा नहीं जाती, बढ़ती है। जैसे कोई घी डालता हो आग में, और भभकती है। ऐसी प्रतीति में निन्यान्नबे प्रतिशत तो ध्यान पूरा हो गया। जो एक प्रतिशत बचा है, वह बहुत छोटा-सा काम है। वह बर्तन धो लेने जैसा है। वह मन में जो कचरा इकट्ठा है अतीत का, उसे पोंछ डालना है; वह एक स्नान है।

ध्यान के दो चरण हुए। एक चरण, कि जीवन जैसा तुम जी रहे हो, वह तुम्हें व्यर्थ मालूम पड़ जाए। 'तुम्हें' व्यर्थ मालूम पड़े। यह 'तुम्हारी' प्रतीति हो। इस पर बहुत जोर देने का है। यह प्रामाणिक तुम्हारा अनुभव हो। इसमें उधारी नहीं चलेगी। इसमें बुद्ध की गवाही नहीं चलेगी। इसमें कितने ही बुद्ध खड़े होकर कहें कि हां, हम कहते हैं, मान लो। न, वह काम नहीं आएगा। तुम्हारे भीतर का ईश्वर उठे और कहे।

तुम्हारा मन जल्दी से मानने को राजी भी हो जाता है क्योंकि तुम परेशान तो काफी हो रहो हो; लेकिन पूरे नहीं हुए हो। तुम काफी कुनकुने तो हो, लेकिन इतने गर्म नहीं हुए हो कि भाप बन जाओ। तो तुम्हें भी लगता है कि तकलीफ तो है संसार में, दुख तो है, और इसको छोड़ना है।

बस, यहीं खेल की कुंजी है। तुम्हें लगता है दुख तो है, लेकिन दूसरी बात भी तुम्हें लगती है कि यहां सुख भी है। और नीत्शे ने कहा है...और वह तुम्हारा अनुभव है। अब यह बड़ी जटिलता है। बुद्ध जो कहते हैं, वह तुम्हारा अनुभव नहीं है, लेकिन बुद्ध से तुम राजी होते हो। और नीत्शे जो कहता है, वह तुम्हारा अनुभव है, लेकिन उससे तुम राजी नहीं होते।

नीत्शे ने कहा है, 'माना कि दुख है, लेकिन सुखों के मुकाबले कुछ भी नहीं। और माना कि दुख काफी है, लेकिन सुख उससे गहरा है।' और नीत्शे ने कहा है, 'मैं उन मूढ़ों में से नहीं हूं, जो कांटे के कारण गुलाब के फूल को फेंकते हैं। हम कांटे से बचने की कोशिश करेंगे और फूल को भोगेंगे।' तो नीत्शे को तो बुद्ध मूढ़ हैं। तुम्हें भी मूढ़ हैं। तुम्हारी इतनी हिम्मत नहीं कि तुम सच-सच कह सको; नीत्शे हिम्मतवर है। और नीत्शे दोहरा आदमी नहीं है। बात इकहरी है। वह कह रहा है, आखिरी भोजन हुआ नहीं और कभी हम आखिरी भोजन करेंगे नहीं। माना कि तकलीफ है, भोजन चबाने की तकलीफ है, दांत को भी पीड़ा होती है, पचाना भी पड़ता है; लेकिन उसमें स्वाद है। और वह स्वाद इतनी तकलीफ झेलने जैसा है।

एक अमीर मर रहा था, और उसने अपने बेटे को बुलाकर कहा कि देख, मैं तेरे लिए अपने पूरे जीवन के अनुभव से कहता हूं कि धन में कोई सुख नहीं है। गरीब भी दुखी है, अमीर भी दुखी है। इसलिए जो भूल मैंने की उस भूल में तू मत पड़ना। उस बेटे ने कहा कि देखें, आपकी भूल का मुझे पता नहीं, आपके अनुभव का मुझे पता नहीं। अगर आप मुझे चुनने का मौका दें, तो मैं अमीर का दुख चुनना पसंद करूंगा बजाय गरीब के दुख के। माना कि दोनों में दुख है, लेकिन मैं अमीर का दुख चुनना पसंद करूंगा।

तुम जानते हो कि जीवन में दुख है। और तुम यह भी जानते हो कि वासना पीड़ा में ले जाती है लेकिन यह आधा ही जानना है। भीतर आधा स्वर यह भी है कि सुख भी है। इसलिए तुम्हारी चेष्टा संसार से मुक्त होने की नहीं है। तुम्हारी चेष्टा संसार के दुख से मुक्त होने की है। सुख बच जाए, दुख कट जाए। इसीलिए तुमने स्वर्ग की ईजाद की है। स्वर्ग कहीं है नहीं, स्वर्ग तुम्हारी कामना है। और इसीलिए तुमने नर्क की ईजाद की है। नर्क कहीं है नहीं; वह वह जगह है, जहां तुम दूसरों को भेजना चाहते हो—शत्रुओं को। स्वर्ग वह जगह है, जहां तुम जाना चाहते हो।

स्वर्ग और नर्क दोनों मिले हुए हैं पृथ्वी में; संयुक्त हैं। तुमने उनको काट-काटकर अलग कर लिया है दिमाग में। तुम अपने लिए स्वर्ग चाहते हो। सब कांटे तुमने गुलाब के अलग कर दिये, सिर्फ फूल ही फूल बचाए। और सब कांटे तुमने इकट्ठे कर दिये उनके लिए, जो तुम्हारे दुश्मन हैं, तुमसे राजी नहीं हैं; और जिन्हें तुम कांटों में डालना चाहोगे। लेकिन ध्यान रहे, जिंदगी में फूल और कांटे साथ-साथ हैं। तुम उन्हें अलग-अलग न कर पाओगे।

इसलिए ज्ञानी स्वर्ग और नर्क की बात नहीं करते; ज्ञानी संसार और मोक्ष की बात करते हैं। अज्ञानी संसार, स्वर्ग और नर्क की बात करते हैं। ज्ञानी संसार और मोक्ष की बात करते हैं। ज्ञानी कहते हैं, स्वर्ग-नर्क का कोई सवाल नहीं है, संसार या संसार से मुक्ति। और जब तुम संसार से मुक्त होते हो, तो तुम यह मत सोचना कि संसार के दुख वहां न होंगे, और संसार के सब सुख वहां होंगे। न वहां संसार के सुख होंगे, न वहां दुख होंगे। वहां सुख-दुख दोनों खो जाएंगे। वहां सुख-दुख की दोनों स्थितियां समाप्त हो जाएंगी। न वहां फूल होंगे, न वहां कांटे होंगे। और इसीलिए बुद्ध या महावीर उस परम दशा को शांति या आनंद की दशा कहते हैं, जहां सुख-दुख दोनों का अभाव है।

क्या तुम्हारा दुख का भोजन पूरा हो गया? क्या तुमने दुख का पूरा स्वाद ले लिया? क्या तुम्हारा मुंह दुख की तिक्तता से भर गया? क्या तुम्हारे ओंठ जीवन की कडुवाहटता को अनुभव कर लिए? क्या तुम्हारे हृदय में जीवन के कांटे काफी चुभ गए और उनकी पीड़ा पूरी हो गई? तो फिर जाओ और बर्तन साफ कर लो। फिर ज्यादा काम नहीं बचता है।

ध्यान सरल है, अगर पहला काम पूरा हो गया। और ध्यान असंभव है अगर पहला काम पूरा नहीं हुआ। और तुम ध्यान में इसीलिए असफल होते हो क्योंकि वह निन्यान्नबे प्रतिशत काम तो अधूरा पड़ा है और एक प्रतिशत तुम करना शुरू करते हो। जो तुम्हें पहले करना था, वह तो तुमने पीछे के लिए छोड़ रखा है। और जो तुम्हें पीछे करना था, वह तुम पहले कर रहे हो। तुम बर्तन साफ करने में लगे हो और इसका तुम्हें खयाल ही नहीं कि अभी आखिरी भोजन नहीं हुआ। तुम साफ भी करोगे, क्या फायदा है? तुम फिर भोजन करोगे। तुम बर्तन साफ ही इसीलिए करते हो ताकि फिर भोजन कर सको। लोग ध्यान भी करने इसीलिए आते हैं, ताकि जिंदगी में महत्वाकांक्षा की दौड़ है, वहां भी शांति से महत्वाकांक्षा की दौड़ पूरी कर सकें।

एक मेरे मित्र हैं। वे आकर मुझे अकसर कहते हैं—राजनीति में हैं—वे कहते हैं ध्यान थोड़ा मुझे मिल जाए, तो मैं विरोधियों को पछाड़ दूं। चित्त अशांत रहता है इसलिए न तो मैं ठीक से सो पाता हूं, न मेरा स्वास्थ्य ठीक रह पाता है, इसलिए विरोधियों को मैं पछाड़ नहीं पाता। और वे मुझसे पूछते हैं, बड़ी हैरानी की बात है कि विरोधी किस तरह चल रहे हैं? न उनके सिर में दर्द होता है, न रात उनकी नींद खोती है। राजनीति का चक्कर आप जानते हैं, चौबीस घंटे चक्कर में हैं। उसे रत्ती भर विश्राम नहीं है। लेकिन इन मित्र को तकलीफ यह है कि ये इतना नहीं झेल पाते। ये डावांडोल हालत है इनकी। यह ध्यान भी इसलिए चाहते हैं ताकि संसार में ठीक से गति हो सके। ये ध्यान को भी संसार की नाव बनाना चाहते हैं।

ऐसे तो चोर भी ध्यान चाहेगा। क्योंकि चोरी करने में अगर आप ध्यानस्थ हो सकें तो पकड़े जाने की संभावना कम है। अगर चोरी करते वक्त आप इतने थिर भाव से कर सकें कि जैसे अपना ही घर है, तो आपका हाथ नहीं डगमगाएगा। चाबी जल्दी लगेगी, ताला आसानी से खोला जा सकेगा।

हत्यारा अगर ध्यानी हो सके, तो जितनी कुशलता से हत्या कर सकेगा उतनी कुशलता से आप न कर सकेंगे। आपका हाथ चूकेगा, भय लगेगा, हृदय धड़केगा, रक्तचाप बढ़ेगा, आप मुसीबत में पड़ेंगे। हत्यारा भी चाहता है कि कोई तरकीब हो शांत होने की। चोर भी चाहता है, राजनीतिज्ञ भी चाहता है, धनपति भी चाहता है कि कोई शांत होने की तरकीब हो, ताकि संसार में विजय मिल सके।

ध्यान रखो, ध्यान को संसार में नाव बनाने का कोई उपाय नहीं है। तुम तो हद्द पागलपन की बात कर रहे हो। तुम तो जोशू से पूछना चाहते हो कि ध्यान भी बर्तन बन जाए। जिसमें हम वासनाओं का भोजन कर सकें। तुम जोशू से पूछना चाहते हो कि ठीक है, तुम कह रहे हो तो हम बर्तन साफ कर लेंगे लेकिन हम साफ इसलिए करना चाहते हैं ताकि और ढंग से भोजन कर सकें।

अमरीका में, जहां पहली दफा वैश्यों ने संस्कृति निर्मित की है, जहां व्यापारी के हाथ में,

वणिक के हाथ में सारी सत्ता आ गई है, वहां अगर आपको ध्यान का भी प्रचार करना हो तो यही समझाना पड़ता है कि ध्यान से एफिशियंसी बढ़ेगी, काम करने की कुशलता बढ़ेगी। ध्यान से धन के द्वार खुलेंगे। ध्यान अगर तुमने किया तो तुम महत्वाकांक्षा के जगत में आसानी से सफल हो जाओगे, संसार में विजय मिलेगी। ध्यान तुम्हारे लिए शक्ति है।

स्वाभाविक है; वणिक सभ्यता में ऐसा होगा। वहां अगर ध्यान को भी चलाना हो तो भी धन के सहारे ही चलाया जा सकता है। और धन मिलता हो तो ही कोई दौड़ने को राजी हो सकता है। अगर तुम लोगों को कहो कि यह परमात्मा की खदान है, इसको तुम खोदो; पास में तुम कहो कि यह सोने की खदान है। तुम्हें परमात्मा की खदान खोदता हुआ कोई भी नहीं मिलेगा। लोग सोने की खदान पहले खोदेंगे। और लोग कहेंगे कि सोने की खदान पहले खोद लेनी जरूरी है। परमात्मा प्रतीक्षा करता रहेगा; जल्दी क्या है? अगर परमात्मा और सोना सामने रखा हो तो तुम भी सोना ही चुनोगे।

अपने मन को बहुत गहरे में पूछना, तुम्हारा चुनाव क्या होगा? और अगर तुम सोना ही चुनना चाहो तो तुमने अभी आखिरी भोजन नहीं किया। अभी बर्तन तुम साफ कर भी कैसे सकोगे? क्योंकि तुम साफ कर भी न पाओगे, नई वासनाएं तुम्हारे बर्तन को फिर गंदा कर जाएंगी।

तुम मन को शांत करना चाहते हो? महत्वाकांक्षी व्यक्ति अगर मन को शांत करेगा, कैसे सफल होगा? क्योंकि हर महत्वाकांक्षा मन को गंदा कर जाती है। जब भी तुम भरते हो आकांक्षा से कि कुछ पा लूं, कहीं पहुंच जाऊं, कुछ हो जाऊं, तभी तुम फिर गंदे हो गए। महत्वाकांक्षी चित्त मन को शांत नहीं कर सकता। महत्वाकांक्षा शून्य चित्त ही मन को शांत कर सकता है।

ठीक कहा जोशू ने। तुम भी अपने से पूछना, क्या आखिरी भोजन हो चुका? तो फिर देर क्यों कर रहे हो? जाओ, और बर्तन साफ कर लो।

बर्तन साफ होते ही तुम स्वयं मोक्ष हो। वह निर्मलता, जो तुम्हारा स्वभाव है, प्रगट हो जाएगी। वह दीया जो बिन बाती बिन तेल जलता है, जिससे कोई धुआं नहीं उठता—धूम्रहीन! जिसमें किसी ईंधन का उपयोग नहीं होता है, इसलिए कोई कचरा पैदा नहीं होता; जो तुम्हारे भीतर के आकाश को दूषित नहीं करता, वह दीया तुम्हें उपलब्ध हो जाएगा। वह जल ही रहा है, लेकिन उस पर तुम्हारा ध्यान नहीं है।

दौड़ने वाले आदमी का ध्यान सदा कहीं और है—स्वयं को छोड़कर। वह सब देखता है, अपने भर को नहीं देखता। उसे फुरसत भी नहीं है अपने को देखने की। उसकी आंखें सब तरफ भटकती हैं। एक जगह को वह छोड़ देता है—खुद को। तुम्हारी आंख तुम्हारी खोज पर जब ही निकलेगी जब और कहीं खोजने को कुछ भी न बचेगा। जब तुम कह सकोगे कि ठीक है, देख लिया। ये सब रास्ते चल लिए, कहीं पहुंचे नहीं। ये सब स्वाद ले लिए; इनसे भूख बढ़ती है, घटती नहीं। ये सब जल पी लिए; इनसे प्यास जलती है, समाप्त नहीं होती। ये सब आकांक्षाएं पूरी करके देख लीं, कुछ भी पूरा नहीं होता। सब अधूरा का अधूरा रह जाता है।

जिस दिन तुम्हें ऐसा लग जाए, आखिरी भोजन हो गया।

आखिरी भोजन के बाद ध्यान बड़ी सरल घटना है। शायद कुछ करना भी न पड़े। बर्तन का गंदा होना बंद हो गया। पुराने बर्तन को साफ कर लेना कितनी कठिनाई की बात है? जरा-सी भी कठिनाई नहीं।

जोशू की कथा को भीतर सोचना और एक बात खयाल रखना: पके बिना तुम वृक्ष से न गिर सकोगे। और कच्चे तुम गिरने की कोशिश मत करना। कच्चा गिरकर कोई भी कहीं पहुंचता नहीं, सिर्फ सड़ता है। इससे मेरी बात बड़ी कठिन मालूम पड़ती है कि साधारणतया तुम किसी और के पास जाओ तो वह कहेगा, 'धन्यभाग, कि तुम संसार छोड़कर और प्रार्थना पूजा में उत्सुक हो रहे हो।'

मैं तुमसे नहीं कहूंगा, धन्यभाग! क्योंकि मैं जानता हूं कि यह तुम्हारा दुर्भाग्य भी हो सकता है। दुर्भाग्य तब होगा, जब तुम्हारा मन तो अभी दुकान से तो भरा नहीं था और तुम मंदिर आ गए। यह मंदिर झूठा होगा। और दुकान तुम्हें खींचती रहेगी। और मंदिर में तुम प्रार्थना करोगे, लेकिन सिर तुम्हारा दुकान में झुका रहेगा। यहां परमात्मा के चरण तुम पकड़े रहोगे, लेकिन तुम्हारे हाथ परमात्मा के चरणों तक नहीं पहुंचेंगे। यह सब झूठा-झूठा होगा। और झूठ से कहीं कोई यात्रा होती है स्वर्ग की, या मोक्ष की या आनंद की? झूठ से तुम कहीं भी न जाओगे।

झूठे मत होना; प्रामाणिक होना। और मैं कहता हूं, कोई चिंता नहीं, तुम दुकान पर ही प्रामाणिक हो जाना। तुम कह देना कि अभी कैसा परमात्मा? कैसा मोक्ष? अभी मैंने संसार भी नहीं जाना। यह तुम्हारी ईमानदारी होगी। इस आदमी को मैं धार्मिक कहता हूं। क्योंकि यह कम से कम सच्चा है। और जो सच्चा है, वह ज्यादा देर तक नहीं भटक सकता। जो झूठा है, उसकी बड़ी कठिनाई है; वह खुद को तक धोखा दे लेता है। वह खुद से भी झूठ बोल लेता है। वह खुद को भी समझा लेता है। वह खुद के साथ भी वंचना करता है।

मैंने सुना है, एक पुलिस का आदमी रात एक रास्ते से निकल रहा था। और उसने एक दुकान के भीतर बड़ा शोरगुल सुना। जैसे दो आदमी भारी विवाद कर रहे हैं और हालत ऐसी है कि सिर फुटव्वल हो जाएगी। उसने दरवाजा खटखटाया। दुकान के मालिक ने दरवाजा खोला। पुलिस के आदमी ने अंदर झांककर देखा, वहां कोई और दूसरा नहीं है। उसने कहा कि अभी मैं सुन रहा था कि यहां आवाज दो की थी और विवाद काफी था। और गर्मी इतनी थी कि मुझे लगा कि कुछ खतरा होने वाला है। दूसरा आदमी कहां है?

वह दुकानदार हंसा, और उसने कहा कि जाने भी दीजिए कोई दूसरा है नहीं; मैं अपने से ही बातें कर रहा था। उस पुलिसवाले ने कहा, 'हद हो गई! लेकिन आवाज बिलकुल अलग-अलग मालूम पड़ रही थी।' उस आदमी ने कहा, 'यह बात ठीक है, क्योंकि मेरे भीतर कई आवाजें हैं।' और उसने कहा, 'यह भी ठीक है, लेकिन विवाद भी चल रहा था, और एक दूसरे का खंडन हो रहा था।' उसने कहा वह भी ठीक है। जब भी मैं अपने से बात करता हूं तो विवाद शुरू हो जाता है। पुलिसवाले ने कहा, लेकिन खुद से तुम विवाद कैसे करते हो? तो उसने कहा कि मुझे झूठी बातें बिलकुल नापसंद हैं। और मैं ऐसा झूठा हूं कि खुद से भी झूठ ही बोलता हूं; फिर विवाद शुरू हो जाता है। फिर मैं इतना गुस्से में आ जाता हूं कि गर्दन दबा दूंगा, अगर झूठ बोले।

तुम अगर अपने को पकड़ोगे तो कई मौके पाओगे जब तुम खुद से झूठ बोल रहे हो। और दूसरे से झूठ बोलना क्षमा किया जा सकता है, खुद से झूठ बोलकर तुम कहां जाओगे? जब तुम मंदिर में हाथ जोड़े खड़े हो, तब पूछना कि ये हाथ सच में जुड़े हैं, या तुम अपने से झूठ बोल रहे हो? बेहतर है तुम दुकान पर ही रुकना; दुकान का अनुभव पूरा हो जाने दो। दुकान इतनी निस्सार है कि तुम कितनी देर रुकोगे? लेकिन अगर तुम बीच-बीच मंदिर जाते रहे तो खतरा है। तुम बहुत ज्यादा रुक जाओगे। क्योंकि बीच में मंदिर आने से फिर दुकान में रस जग जाता है।

मैंने सुना है कि एक आदमी अपने मित्र को कह रहा था कि पिछले तीन महीने परम आनंद के थे। तुम्हारी भाभी ने ऐसा सुख दिया कि जैसे फिर हनीमून वापिस लौट आया; फिर सुहागरात आ गई। उस मित्र ने कहा ऐसा! तुम्हारे विवाह हुए तो कोई बीस साल हो गए। उसने कहा कि हां, बीस साल बाद फिर से जैसे सुहागरात वापिस आई। ये तीन महीने ऐसे आनंद के थे, रस ही रस बह गया। मित्र ने पूछा, फिर तुम आज उदास क्यों मालूम पड़ रहे हो? उसने कहा कि आज पत्नी मायके से तीन महीने के बाद वापस लौट रही है।

जब पत्नी मायके होती है, तब सब रस वापस लौट आता है। जब तुम मंदिर में जाते हो, तब दुकान मायके में है। सब रस वापस लौट आता है। जब तुम प्रार्थना करते हो तब धन मायके में है। तब सब रस वापस लौट आता है। जब तुम ध्यान करते हो, तब सारा संसार तुमने मायके भेज दिया। फिर सुहागरात वापस आ जाती है।

दूरी होते से ही रस पैदा हो जाता है। हो सकता है तुम बड़े होशियार हो; तुम मंदिर इसलिए जाते हो ताकि दुकान का रस बिलकुल मर न जाए। हो सकता है तुम बड़े चालाक हो; तुम इसीलिए गीता पढ़ लेते हो, कुरान पढ़ लेते हो, बाइबिल सुन लेते हो, संतों के पास बैठ आते हो ताकि जिंदगी का, संसार का रस कायम रहे। संतों की बात सुनकर जब फिर तुम धन की आवाज सुनते हो, खनक सुनते हो तो खनक में जो माधुर्य और सौंदर्य मालूम पड़ता है, कान फिर से जीवित हो जाते हैं।

उपवास करके भोजन किया है? बस वैसा ही! उपवास करके भोजन में रस लौट आता है। स्वाद पुनरुज्जीवित हो जाता है।

तुम्हारा धर्म तुम्हारा धोखा है। तुम्हारा सत्संग तुम्हारी प्रवंचना है। तुम संतों के पास जा कैसे सकते हो, जब तक कि आखिरी भोजन न हो गया हो? और जिस दिन आखिरी भोजन हो जाएगा उस दिन तुम जहां हो, वहां संत प्रगट होने लगेंगे। वहां कोई तुम्हारे द्वार-दरवाजे को खटखटाते आने लगेगा।

इस युवक को जाने की जरूरत न थी जोशू के पास; जोशू गया होता। आखिरी भोजन भर हो जाए!

हर वासना को जल्दी आखिरी करो। और जितनी त्वरा में भोग सको, उतनी जल्दी आखिरी हो जाए। और बीच-बीच में स्वाद मत बदलो। पत्नी को मायके मत भेजो, नहीं तो छुटकारा कभी भी न होगा। रस फिर-फिर लौट आएगा। फिर तुम एक वर्तुल में घूमते रहोगे।

भोगो संसार को। डर कुछ भी नहीं है। क्योंकि संसार इतना असार है कि भोगकर भी तुम भटक तो नहीं सकते। भोगकर कोई कभी भटका नहीं। अधूरा भोगी भटकता है। तुम

भोगो संसार को। धन इतना व्यर्थ है कि तुम कब तक ढोओगे उसका वजन? साफ हो जाएगा। सोने में कुछ सार तो नहीं है, लेकिन सोना पास में न हो तो बहुत सार है। पास हो तभी निस्सार है। तुम संसार को पा ही लो, जितना पा सकते हो। तुम उसको चख लो भरपूर। आकंठ तुम भर जाओ। वह इतना व्यर्थ है कि डर का कोई कारण नहीं। उसकी व्यर्थता जब उसकी संपूर्णता में प्रगट होगी...!

गुरजिएफ ने कहा है कि जब मैं बच्चा था तो काकेशस में मिलने वाले एक फल से मुझे बड़ा लगाव था। वह लगाव इतना ज्यादा था, कि उस फल को मैं अकसर ज्यादा खा लेता और पेट में दर्द हो जाता और तकलीफ होती, बुखार आ जाता। जंगली फल! और बच्चे उसको खाना पसंद करते।

तो गुरजिएफ ने कहा है कि मेरे दादा ने एक दिन एक टोकरी भर फल लाए और कहा कि तू मेरे सामने बैठ और खा। गुरजिएफ बड़ा प्रसन्न हुआ। उसने फल खाना शुरू किया लेकिन दादा डंडा लिये बैठा था। जब वह हटने लगा खाकर, उसने कहा 'बैठ, आज यह टोकरी पूरी करनी है।' गुरजिएफ ने कहा, 'क्या मेरी जान लेनी है? अब मैं अब और नहीं खा सकता। मैं जितना खा सकता था वह तो पहले ही खा चुका हूं।' उसके दादा ने कहा, 'नहीं, अभी तू और खा सकता है। तू कोशिश कर।' थोड़ी उसने और कोशिश की। उसने कहा, कि 'अब तो मुश्किल है, अब तो वमन हो जाएगा।' उसके दादा ने कहा कि 'वमन हो जाए, लेकिन अब रुकना नहीं है। यह टोकरी पूरी करनी है।'

गुरजिएफ ने लिखा है, तब तक खिलाया मेरे दादा ने—वह डंडा लिए बैठा रहा—जब तक कि मैं नारकीय अनुभव न करने लगा। और चिल्लाने लगा, रोने लगा, भागने लगा, लेकिन वह राजी नहीं था। वह कहता था और! जब तक कि वमन नहीं हो गया, और मैं बेहोश होकर न गिर गया। लेकिन बस, वह आखिरी दिन था। गुरजिएफ ने लिखा है, उस दिन के बाद वह फल मैंने चखा नहीं। उस बात को बीते कोई पचास साल हो गए, तब उसने यह घटना दोहराई; फिर मैंने वह चखा नहीं। उस झाड़ के नीचे से भी निकलता हूं तो उस फल को देखकर मेरे रोंगटे कंपने लगते हैं, भयभीत हो जाता हूं।

यही मैं तुमसे कहता हूं; तुम संसार की टोकरी सामने रखकर चख ही लो। तुम आखिरी भोजन कर ही लो। तुम वहां तक मत रुको, जहां तक कि वमन न हो जाए। जब तुम्हारी वासनाओं का वमन हो जाता है, ध्यान निन्यान्नबे प्रतिशत पूरा हुआ। फिर काम बड़ा छोटा बचता है। वह उतना ही काम है, जैसा सांझ गृहिणी जब भोजन चुक जाता है तो बर्तन को धोकर रख देती है।

भगवान! भगवान बुद्ध तो दुख से नहीं भागे थे, सुख से भागे थे। पूरा भोजन ही नहीं, आखिरी भोजन करके निकले थे। लेकिन भगवान, उनको भी ध्यान खोजने में वर्षों क्यों लगे?

बुद्ध निश्चित ही सुख से भागे इसीलिए वर्षों में काम पूरा हो गया, जनम न लगे। तुम

सोचते हो वर्षों लगे? तुम्हें लगता है कि बहुत ज्यादा समय लगा? छह साल कोई वक्त है? जहां तुम्हारे हजारों जन्म हुए हों, वहां छह साल कोई समय है? तुम्हें लगता है कि छह साल! इतने छह साल ज्यादा क्यों लगते हैं?

एक बच्चा स्कूल में पढ़ने जाता है, तुम कभी नहीं कहते कि सात साल में मेट्रिक होगा, सिर्फ मेट्रिक होगा? फिर छह साल में ग्रेजुएशन की डिग्री मिलेगी, सिर्फ ग्रेजुएट होगा? फिर तीन साल, दो साल लगेंगे तो डाक्टरेट की डिग्री मिलेगी। आधी जिंदगी सर्टिफिकेट इकट्ठा करने में लग जाती है, लेकिन कोई कभी नहीं कहता कि इतना ज्यादा समय? बुद्धत्व छह साल में मिलता हो तो भी हमें लगता है, ज्यादा समय लग गया!

क्या कारण है? असल में युनिवर्सिटी से हमारी महत्वाकांक्षा जुड़ी है। उससे कुछ धन, पद, प्रतिष्ठा, मिलने वाली है। इसलिए कितना भी समय लगे, थोड़ा लगता है। और बुद्धत्व में हमें कुछ दिखाई तो पड़ता नहीं; क्या मिल गया? किसी एम्प्लाइमेंट दफ्तर के 'क्यू' में बुद्ध खड़े हो जाते तो आफिसर कह देता कि सर्टिफिकेट कहां है? कोई बोधिवृक्ष के नीचे बैठने से कोई नौकरी मिलती है? कि बुद्ध अगर बेचने जाते अपने बुद्धत्व को तो कितने पैसे मिल सकते थे? क्या मिलता? कौन खरीदता? किसको मतलब है? लोग मुफ्त भी बुद्धत्व लेने को तैयार नहीं हैं।

कोई तुम्हारे घर अचानक आ जाए, और कहे कि बुद्धत्व तुम्हें देता हूं। तुम कहोगे, ठहर भाई! सोच लेने दे। पत्नी से बात कर लेने दे। बच्चे भी हैं। यह उपद्रव इतनी जल्दी नहीं। और फिर सार क्या है?

हमें लगता है कि छह साल काफी लंबे हैं! लंबे क्यों लगते हैं? लंबे लगने का कारण छह साल की लंबाई नहीं है। छह साल के बाद जो मिलता है, उसमें हमें कुछ सार नहीं दिखाई पड़ता। निस्सार बुद्धत्व मिलता है और छह साल भटककर! छह साल में तो दुकान जम जाती। छह साल में तो दिल्ली पहुंच जाते। छह साल में तो क्या से क्या नहीं हो जाता! और कुल बुद्धत्व मिला!

तो पहली तो बात यह है कि हम समय का माप करते हैं आकांक्षा से। और फल क्या मिल रहा है, उससे हम सोचते हैं। मैं तुमसे कहता हूं कि अगर साठ जन्मों में भी बुद्धत्व मिलता तो भी जल्दी मिला है। क्योंकि जो मिलता है वह अकूत है। छह साल से क्या उसकी गणना? जल्दी मिला। छह साल कोई वक्त है? कोई भी वक्त नहीं। पलक झपके निकल गए छह साल।

लेकिन फिर भी पूछने जैसा है कि जब सुख से बुद्ध जाग गए, और उन्हें लगा कि सब जीवन असार है, तब तो बर्तन धोना ही बचा था; तो जल्दी हो जाना चाहिए।

जल्दी ही हो गया है। लेकिन बर्तन धोने में... थोड़ा सोचना पड़ेगा, क्योंकि कितने-कितने जन्मों का भोजन उन बर्तनों से लगा है! बुद्ध को जो सफाई करनी पड़ी है, यह सफाई बहुत पुरानी है, धूल-धूसरित व्यक्तित्व की है। दर्पण एकदम गंदा हो गया है। और धूल इतने दिनों की जमी है कि बिलकुल पत्थर जैसी हो गई है। पुरानी आदतों का जाल है। तुम जाग भी जाओ तो भी आदतें पीछा करती हैं। तुम संसार से हट भी जाओ, तो भी इतना आसान नहीं है क्योंकि संसार बाहर ही तो नहीं था, भीतर भी था।

फिर बुद्ध की तलाश उस व्यक्ति की, जो पहुंचने की कला बता दे; जो बर्तन को साफ करने की कला बता दे। क्योंकि अगर बर्तन साफ करने की कला न आती हो तो यह भी हो सकता है कि साफ करने में तुम और गंदा कर लो। क्योंकि नाजुक है बात! मन से नाजुक बर्तन खोजना कठिन है। तुम अपनी घड़ी को भी अगर बिगड़ जाए तो खोलकर नहीं बैठ जाते हो सुधारने। कुछ नासमझ बैठ जाते हैं, फिर वह कभी नहीं सुधरती। घड़ी बिगड़ जाए तो तुम जाते हो जानकार के पास। क्योंकि घड़ी भी बड़ा महीन जाल है।

लेकिन घड़ी में क्या जाल है? कुछ भी जाल नहीं। अगर मनुष्य के मन को तुम समझो तो इससे बड़ा जटिल कोई यंत्र जगत में अब तक नहीं है। और संभावना भी नहीं है कि हम कभी इससे जटिल यंत्र पैदा कर सकेंगे।

इस छोटी-सी खोपड़ी के भीतर, जिसका वजन मुश्किल से कोई डेढ़ किलो है, कोई सात करोड़ तंतु हैं। और प्रत्येक तंतु अरबों सूचनाओं को संग्रहीत कर सकता है। वैज्ञानिक कहते हैं कि जितने पुस्तकालय हैं पृथ्वी पर, एक व्यक्ति स्मरण कर सकता है—चुकता! न कर पाओ यह दूसरी बात है, लेकिन क्षमता है। मस्तिष्क बड़ा बारीक और बड़ा जटिल है। सारे जगत का ज्ञान उसमें इकट्ठा हो सकता है। ज्ञान ही इकट्ठा नहीं होता है, सारे जगत की धूल भी इकट्ठी हो सकती है। जिसको तुम ज्ञान कहते हो, अकसर धूल ही होती है।

सफाई समय लेगी। लेकिन छह साल कोई बड़ा समय नहीं है।

फिर बुद्ध एक-एक द्वार पर गये, जहां-जहां उन्हें आशा थी कि कोई सफाई करवाने वाला मिल जाए। बुद्ध ने होशियारी का काम किया। बुद्ध घड़ी को खोलकर नहीं बैठ गए। नहीं तो शायद छह साल भी काफी न होते। बुद्ध ने विशेषज्ञ को खोजा कि कोई जो खोल चुका हो, जान चुका हो, जिससे सीधा रास्ता मिल जाए। क्योंकि कभी-कभी छोटी-सी ही भूल-चूक होती है, सुधारने में और बिगड़ जाती है।

मैंने सुना है, कि एक बहुत बड़ी फैक्ट्री में एक कंप्यूटर लगाया गया। बड़ा कीमती कंप्यूटर था। कुछ बिगड़ गया। सारी फैक्ट्री बंद हो गई। दस हजार लोग काम करते थे, उनकी जगह कंप्यूटर अकेला ही काम करता था। सारी फैक्ट्री ठप्प हो गई। एक विशेषज्ञ को बुलाया गया। उसने जरा-सा एक स्क्रू कसा, सब काम शुरू हो गया। मालिक प्रसन्न हुआ, उसने उसकी फीस पूछी। तो उसने कहा, 'पांच हजार डालर।'

'पांच हजार डालर?' एक सेकेंड भी नहीं लगा उसे स्क्रू को कसने में। तो उस मालिक ने पूछा कि यह जरा ज्यादा है। सिर्फ जरा-सा स्क्रू कसने के पांच हजार डालर?

उसने कहा कि 'नहीं, स्क्रू का तो एक डालर कसने का। लेकिन कैसे कसना, उसके चार हजार नौ सौ निन्यान्नबे डालर। स्क्रू कसने का तो एक ही डालर लेता हूं। लेकिन कैसे कसना, कहां कसना, कौन-सा स्क्रू ढीला है, उसके लिए मैंने जिंदगी लगा दी; उसके दाम ले रहा हूं। और स्क्रू कसवाना हो तो किसी और से अगली दफा कसवा लेना।'

तो बुद्ध तलाश में गए किसी विशेषज्ञ की, किसी गुरु की, जो चल चुका रास्ते पर, जो पहुंच चुका मंजिल पर। जिससे व्यर्थ का भटकाव बचेगा, यहां-वहां के रास्तों पर जाने से बचाव हो जाएगा। क्योंकि बड़ी भूल-भुलैया है। अनेक गुरुओं के पास गए। गुरु थे और काफी दूर तक जानते थे। लेकिन ऐसा कोई गुरु न मिला, जो बुद्धत्व दे सके। क्योंकि बुद्धत्व

की आकांक्षा बड़ी अनूठी थी।

यहां फर्क समझ लें। बुद्ध तो सुख से ऊबकर आए थे; जिन गुरुओं के पास गए, वे दुख से ऊबकर आए थे, इसलिए बड़ी मुसीबत थी। जिन गुरुओं के पास गए उन्होंने भी ध्यान साधा था, लेकिन उन्होंने ध्यान एकाग्रता का साधा था, जिससे और शक्ति मिलती है। मंत्र-तंत्र साधा था, योग साधा था। बड़े शक्तिशाली हो गए थे। बीमार आदमी को छू दें तो स्वस्थ हो जाए। जिंदा आदमी को छू दें तो मुर्झा जाए। ताकत थी उनके पास, शक्ति थी। लेकिन बुद्ध कोई बीमारी ठीक करवाने न आए थे। अंधी आंखें नहीं थीं उनकी, जिनको छूने से आंखें मिल जाएं। वह भीतर की आंख चाहते थे।

सब गुरुओं को उन्होंने थका डाला। बड़ी मीठी कथा है कि हर गुरु ने आखिर में उनसे कहा कि अब तू जा। क्योंकि जो हम जानते थे वह हमने बता दिया, लेकिन उससे तेरी तृप्ति नहीं। बुद्ध कहते, मैं शांति की तलाश में आया हूं, शक्ति की तलाश में नहीं। मुझे बीमारी ठीक नहीं करनी, मुझे चमत्कार नहीं करने, हाथ से ताबीज नहीं निकालने, यह मुझे करना नहीं। मुझे तो वह जानना है, जो परम सत्य है; जो आत्यंतिक सत्य है। वह मुझे जानना है। वह है या नहीं! मुझे तो मेरी परम सत्ता का उदघाटन करना है। मुझे दूसरों को प्रभावित नहीं करना है। मैं मान लेता हूं कि तुम आंख से इशारा करते हो, पक्षी आकाश से नीचे गिर जाता है—जैसे तीर लग गया! ऐसी तुम्हारी एकाग्रत है। सिर्फ आंख के तीर से आकाश में उड़ता पक्षी नीचे गिर जाता है। तुम्हारा निशाना कभी नहीं चूकता, लेकिन मुझे कोई पक्षी गिराना नहीं। इसे करूंगा क्या? माना कि तुम पानी पर चल जाते हो, लेकिन वह काम तो नाव से ही हो जाता है। उसकी मुझे चिंता नहीं है।

बहुत गुरुओं के पास बुद्ध गए। सभी गुरुओं ने देखा कि इसकी आकांक्षा ही कुछ और है, इसकी खोज कुछ और है। यह शक्ति नहीं खोज रहा, यह परम शांति खोज रहा है। उन्होंने कहा, उसका तो हमें भी पता नहीं। हम योग जानते हैं, मंत्र जानते हैं, तंत्र जानते हैं। तुम जो भी सीखना चाहो सीख लो, लेकिन यह निर्वाण, यह मोक्ष, इसका हमें भी पता नहीं।

ये छह साल बुद्ध अनेक-अनेक मार्गों पर गए, अनेक विधियां कीं, अनेक साधन किए, और सभी साधन व्यर्थ पाए। और सभी विधियां व्यर्थ पाईं।

यह समझ लेना जरूरी है। मोक्ष की कोई विधि नहीं हो सकती। क्योंकि जो विधि से पाया जाए, वह विधि से बड़ा नहीं हो सकता। मोक्ष का कोई मार्ग नहीं हो सकता, क्योंकि जो मार्ग से पहुंचा जाए, वह अंत नहीं हो सकता। उसके आगे भी मार्ग हो सकते हैं। मोक्ष की कोई तरकीब नहीं हो सकती क्योंकि जो तरकीब से मिल जाए, उसकी क्या कीमत है? वह तुमसे छोटा होगा। तुम्हारी तरकीब से मिल गया।

बुद्ध उसको खोज रहे थे, जो खोजने से मिलता ही नहीं। वह तभी मिलता है जब खोज खो जाती है। संसार व्यर्थ हो गया, आधी खोज पूरी हो गई। लेकिन बुद्ध के मन में एक नई खोज पैदा हो गई—मोक्ष को खोजने की; यह भी उपद्रव है। इससे छह साल लगे। संसार नहीं खोजना, साफ हो गया। लेकिन मोक्ष खोजना है—खोज जारी है। जो पहले संसार खोज रहा था, अब मोक्ष खोज रहा है। लेकिन खोज जारी है। दौड़ने वाला जिंदा है। महत्वाकांक्षी भीतर मौजूद है। छह साल थक गए।

एक खोज पहले खत्म हो गई थी संसार की, दूसरी खोज भी खत्म हो गई मोक्ष की। खोज ही खत्म हो गई।

जिस सांझ बुद्ध को मुक्ति का अनुभव हुआ, उस दिन वह कुछ भी नहीं खोज रहे थे। उस दिन वृक्ष के नीचे वे शांत बैठे थे। जब तक खोज है, तुम शांत होओगे कैसे? क्योंकि खोज अशांत करती है। अभी तक नहीं मिला, कब मिलेगा? मिलेगा कि नहीं मिलेगा? कहीं मैं भटक तो नहीं जाऊंगा? खोज विचार पैदा करती है, अशांति पैदा करती है।

उस दिन बुद्ध को...जैसा छह साल पहले महल छोड़ा था उन्होंने, ऐसा ही मंदिर भी छोड़ दिया। दुकान पहले छूट गई थी, यह मंदिर भी उसी दुकान का हिस्सा था, यह भी छूट गया। एक पहलू पहले समाप्त हुआ, दूसरा भी समाप्त हुआ। पूरा सिक्का बुद्ध के हाथ से गिर गया। उस रात वे सोये। कोई खोज न थी, कहीं जाना न था, कुछ पाना न था। न कोई मोक्ष, न कोई परमात्मा, न कोई शांति, न कोई आनंद। कुछ भी नहीं पाना था। बस! उस वृक्ष के नीचे वे सिर्फ थे। उसी दिन घटना घट गई।

भोजन तो हो चुका था, उस रात बर्तन साफ हो गये।

बर्तन उसी दिन साफ होते हैं, जब तुम्हारी सब खोज मिट जाती है। बर्तन उसी दिन साफ होते हैं, जिस दिन तुम्हारी सब आकांक्षा गिर जाती है।

और जब मैं कहता हूं सब, तो मेरा अर्थ है सब!

अगर तुम ध्यान की भी आकांक्षा कर रहे हो तो बर्तन साफ न होंगे। ध्यान भी भोजन है। वह भी बर्तन को गंदा करेगा।

संसार में दो तरह के महत्वाकांक्षी हैं: एक संसारी और एक धार्मिक; दोनों महत्वाकांक्षी हैं। दोनों पदातुर हैं, दोनों कुछ पाना चाहते हैं।

एक तीसरे तरह का व्यक्ति कभी-कभी घटता है, वह अनूठी घटना है; जो कुछ भी नहीं पाना चाहता।

और जब तुम कुछ भी नहीं पाना चाहते, तब तुम सब कुछ हो जाते हो। उसी क्षण बर्तन साफ हो गए। निर्मलता उपलब्ध हो गई। वह दीया जलने लगा, जो बिन बाती बिन तेल जलता है।

आज इतना ही।

मूल पुस्तक 'बिन बाती बिन तेल' का पंद्रहवां प्रवचन